En busca de paz

Descubra el plan de Dios para manejar el estrés

Margarita C. Treviño

EDITORIAL MUNDO HISPANO

Editorial Mundo Hispano
Apartado 4256, El Paso, Texas 79914, EE. UU. de A.
www.editorialmh.org

Editora: Alicia Zorzoli
Diseño de las páginas: Alicia Zorzoli
Portada: Graciela Torres

Primera edición: 2004
Clasificación Decimal Dewey: 261.5151
Temas: Estrés
Salud mental

ISBN: 0-311- 42113-X
EMH Núm. 42113
4 M 7 04

Impreso en EE. UU. de A.
Printed in U.S.A.

Dedicatoria

A mis padres,

José e Ysaura Sánchez,

de quienes aprendí

la importancia

del amor incondicional.

RECONOCIMIENTOS

Estoy profundamente agradecida a las siguientes personas:

- mi esposo, Hugo, for su constante apoyo y aliento en cada etapa de mi trabajo;

- mis hijos, Nina y Hugo, por su amor;

- los numerosos hombres y mujeres de mi país y del extranjero que han enriquecido mi vida al participar en mis seminarios sobre el manejo del estrés;

- amigos y colegas queridos quienes han sido una fuente de ánimo y enseñanza para mí a lo largo del trayecto;

- Alicia R. Zorzoli y Rubén O. Zorzoli por su excelente y diligente labor en la traducción al español y en el trabajo editorial de este manuscrito.

CONTENIDO

PRÓLOGO

Hace algunos años, mientras caminaba con un misionero en su período de licencia desde mi oficina al Centro de Recreación de nuestra iglesia, él me dijo: "Ojalá pudiera ser tan calmado y tranquilo como usted". Él no lo sabía, pero en ese momento yo estaba tan tenso que hubiera podido convertirme en un huracán. Sencillamente, sabía disimularlo.

El estrés es un comun denominador de la vida. Nadie puede escaparse de él todo el tiempo. En realidad, es una parte de la vida. Debemos aprender a dominarlo o él nos dominará a nosotros. Por tal razón este libro escrito por Margarita Treviño es muy valioso. Es valioso personalmente para mí, y también lo será para usted. Pone el dedo en la llaga, nos toca en el punto sensible, habla a una necesidad que todos sentimos.

Por su preparación y experiencia, Margarita es la persona idónea para escribir sobre este tema. En forma única, concisa y práctica ella nos ayuda a comprender que tenemos tres opciones al tratar con el estrés: ¡escaparnos! ¡asustarnos! o ¡vencerlo!

Mientras dialoga sobre las causas y también la forma de enfrentarlo, ella presenta una maravillosa mezcla de aplicación práctica y verdad eterna en relación con el estrés. Ella toca el estrés en todas las áreas de la vida: familia, finanzas, lugar de trabajo, avances tecnológicos, tanto como el desafío para evangelizar el mundo. Este no es tan sólo un libro más, de los cuales hay muchos. Está escrito desde una perspectiva bíblica y espiritual tanto como física.

Cuando comencé a leer el manuscrito tenía la intención de decirle a usted cuál capítulo me gustaba más. Pero cambiaba de opinión con cada capítulo. Finalmente decidí que me gustan todos por igual. Así le sucederá a usted.

Margarita cierra con una página titulada "Mi plan personal," para animarle a usted a escribir acciones específicas y metas que usted desee para controlar más eficazmente su estrés. ¡Qué mejor manera de cerrar el libro!

Este es el primer libro que escribe Margarita, y yo creo firmemente que no será el último. Cuando usted haya leído sus trabajos, estará de acuerdo con que lo que ella toca representa íntegramente un trabajo de calidad. Léalo y descúbralo usted mismo.

Paul Powell,
Expresidente de la Junta de Jubilación de la
Convención Bautista del Sur

INTRODUCCIÓN

Se ha llegado a conocer el estrés como un enemigo inevitable de la sociedad moderna. Nos hemos acostumbrado tanto a la idea de estar sobrecargados, agotados y frustrados que cuando no estamos así tememos estar enfermos. Aunque hemos logrado muchos avances científicos y tecnológicos, la naturaleza humana permanece igual. Somos responsables de la manera como nos enfrentamos a la tensión. Puesto que la moda actual es el cambio rápido y la necesidad de adaptarnos continuamente al ambiente, corremos el riesgo de ser víctimas de las sobrecargadas y apresuradas demandas del diario vivir.

El estrés, sin embargo, puede ser provechoso para nosotros. Puede servir como un barómetro para ayudarnos a medir nuestra habilidad de manejar las demandas del diario vivir. Puede mantenernos alerta en cuanto al balance de nuestra vida diaria. Puede darnos dirección para hacer cambios positivos. Si hacemos caso al llamado de tomar un enfoque espiritual para manejar el estrés, éste (el estrés) llega a ser una ventaja, en vez de una desventaja. El estrés que se coloca en una perspectiva espiritual, acoplado con consideraciones de enfoque mental, emocional y físico, provee un fundamento firme para la celebración de la vida.

Este libro nos ayuda a comprender qué es el estrés, cómo nos afecta, y lo que podemos hacer para aprovechar esta energía para una vida victoriosa. Es mi deseo ayudarle a descubrir el plan de Dios para darle felicidad, esperanza y paz en las pruebas de la vida.

Margarita C. Treviño

1

Qué es el estrés

Estrés significa diferentes cosas para diferentes personas. A través de los años he pedido una definición de estrés a centenares de personas. Las respuestas varían. La mayoría define el estrés como *sentirse apretado, estar nervioso, estar irritable, no poder dormir, estar olvidadizo,* o *estar bajo mucha presión.*

Estas respuestas describen *síntomas* del estrés. Estrés es la reacción no específica del cuerpo a un estímulo, una demanda[1]. El estímulo puede ser interno: un dolor de muelas, de estómago, o de cabeza. O puede ser externo: cualquier cosa que se encuentre en el ambiente. Un estímulo externo puede ser una llamada telefónica, una decepción, una discusión, una fiesta de cumpleaños, una promoción en el trabajo o unas vacaciones. Estímulo externo es cualquier cosa que requiera una respuesta de nuestra parte.

---

[1]Hans Selye, cita de Jerolds S. Greenberg, *Comprehensive Stress Management*, segunda edición (Dubuque, Iowa: Wm. C. Brown Publishers, 1987), p. 5.

El estrés está asociado no sólo con circunstancias difíciles o dolorosas (angustia), sino también con momentos de felicidad o diversión (conocido como *eustrés*)[2]. El impacto del estrés en el individuo es el mismo. Sin importar la razón, las respuestas del cuerpo nos afectan de la misma manera. Experimentamos la respuesta del escape o de la lucha. Nosotros decidimos escapar de la situación o enfrentarla y negociarla.

El estrés es una experiencia humana universal. No reconoce barreras culturales. No se limita por razones de raza, edad, sexo, residencia, o nivel social. El estrés afecta a todos. Entretanto que vivamos en la tierra, experimentaremos estrés.

¿De dónde viene el estrés?... ¡De todas partes!

• Enfrentamos estrés en nuestra carrera por proveer para nuestras necesidades básicas, tales como alimento, ropa y vivienda. Estas necesidades son esenciales para nuestra supervivencia física.

• También tenemos necesidades mentales y emocionales, las que son igualmente importantes para nuestra supervivencia. Tenemos la necesidad de sentirnos amados y aceptados. Estos sentimientos nos capacitan para desarrollar un sentido de pertenencia y tener un sentido positivo de valor personal.

• La comunicación y las relaciones son básicas para nuestra supervivencia. Hemos sido criados para relacionarnos con otras personas. La Biblia dice que el hombre y la mujer se necesitan mutuamente, y que Dios nos creó a todos (1 Corintios 11:11, 12). Romanos 11:36 dice: "En realidad, todo fue creado por Dios, y existe por él y para él". Tomás Merton escribió: "...sigue siendo verdad que nuestro destino es amarnos unos a otros como Cristo nos amó"[3].

---

[2]Greenberg, p. 5.

[3]Thomas Merton, en *The Answer*; The Holy Bible New Century Version (Dallas: Word Publishing, 1993), p. 129.

Nuestras necesidades, relaciones y experiencias hacen demandas sobre nosotros que producen estrés. Además de estas, podemos agregar otras dimensiones de nuestras necesidades personales como la elección del compañero o la compañera, y la elección de nuestra carrera. Debemos decidir en cuanto a nuestras finanzas, empleo y educación. El plan médico para el cuidado de nuestra salud también es otra fuente importante de estrés. Hay muchas personas que no pueden costear un plan de seguro médico. En muchos casos esto significa postergar atención médica, o definitivamente no tenerla. El medio de transporte es otra fuente de estrés; ya sea que manejemos, usemos transporte público o compartamos un vehículo entre varias personas.

Al considerar nuestra persona como un todo, reconocemos que también tenemos necesidades espirituales. El apóstol Pablo escribió: "Los que viven obedeciendo al Espíritu Santo, sólo piensan en hacer lo que desea el Espíritu. Si vivimos pensando en todo lo malo que nuestros cuerpos desean, entonces quedaremos separados de Dios. Pero si pensamos sólo en lo que desea el Espíritu Santo, entonces tendremos vida eterna y paz" (Romanos 8:5b, 6). La preocupación por nuestra espiritualidad también puede causar estrés. Debemos tomar decisiones de largo alcance, y eso no es siempre fácil.

La preocupación por nuestra espiritualidad también puede causar estrés.

En cuanto a la conducta cristiana, el apóstol Pablo escribió:

Amen a los demás con sinceridad. Rechacen todo lo que sea malo, y no se aparten de lo que sea bueno. Ámense unos a otros como hermanos, y respétense siempre.

Trabajen con mucho ánimo, y no sean perezosos. Trabajen para Dios con mucho entusiasmo.

Mientras esperan al Señor, muéstrense alegres; cuando

sufran por el Señor, muestren paciencia; cuando oren al Señor, muéstrense constantes.

Compartan lo que tengan con los pobres de la iglesia. Reciban en sus hogares a los que vengan de otras ciudades y países.

No maldigan a sus perseguidores; más bien, pídanle a Dios que los bendiga.

Si alguno está alegre, alégrense con él; si alguno está triste, acompáñenlo en su tristeza.

Vivan siempre en armonía. Y no sean orgullosos, sino traten como iguales a la gente humilde. No se crean más inteligentes que los demás.

Si alguien los trata mal, no le paguen con la misma moneda. Al contrario, busquen siempre hacerle el bien a todos. Hagan todo lo posible por vivir en paz con todo el mundo. Queridos hermanos, no busquen venganza, sino dejen que Dios se encargue de castigar a los malos. Pues en la Biblia Dios dice: "A mí me toca vengarme. Yo le daré a cada cual su merecido". Y también dice: "Si tu enemigo tiene hambre, dale de comer; si tiene sed, dale de beber. Así harás que se ponga rojo de vergüenza".

No se dejen vencer por el mal. Al contrario, triunfen sobre el mal, haciendo el bien (Romanos12:9-21).

La familia es otra fuente importante de experiencias que producen estrés. La familia también se preocupa por las necesidades básicas de supervivencia, como alimento, ropa y vivienda. Esto demanda recursos económicos. Para tener recursos económicos debe haber trabajo. La clase de trabajo de la familia depende de la clase de educación o entrenamiento de sus miembros, y de las oportunidades de trabajo disponibles.

Con el crecimiento de la familia, también crecen las fuentes de estrés. Cuando los hijos están pequeños, se necesita proveer cuidado y educación, y velar por su crecimiento hasta llegar a ser adultos independientes. Sin embargo, las necesidades y problemas no cesan con la edad adulta. Cuando los hijos se casan y forman sus propias familias, los problemas y necesidades de la familia extendida llegan a ser parte de los problemas y necesidades de toda la familia. En muchos casos, los abuelos comparten los sufrimientos y frustraciones de sus hijos y nietos. Los problemas referentes a matrimonios fracasados, desempleo, quebrantos de salud, delincuencia juvenil y otros cruzan las fronteras familiares. Cuidado de niños, transporte, seguridad ambiental, protección contra el crimen son todos fuentes de estrés.

Así como los individuos, las familias también toman decisiones acerca de sus propias necesidades espirituales. "Mi familia y yo hemos decidido dedicar nuestra vida a nuestro Dios" (Josué 24:15b). Algunas familias dan prioridad a sus necesidades espirituales; otras no les dan importancia. El estilo de vida familiar revela sus prioridades.

La dinámica familiar incluye comunicación y relaciones. Estas áreas también causan estrés. El sistema familiar en el cual hemos crecido determina en gran parte la forma de comunicarnos y establecer relaciones con el mundo exterior. El hogar sirve como una red de seguridad para aprender estas habilidades o, de lo contrario, también puede ser un campo minado de insultos y experiencias dolorosas. Ambos resultados producen estrés.

Algunas personas no ven como suyo el estrés en la comunidad. A menos que nos afecte directamente, hay la tendencia a descartar su impacto, como si fuera "problema de otros". Pero aunque el impacto sea directo o indirecto, a todos nos afectan los factores de tensión en nuestras comunidades. La economía, la educación, el trabajo, y la seguridad pública y ambiental son formas diferentes de estrés en la comunidad. Las comunidades enfrentan algunos desafíos como vivienda, recursos de transporte, y aun el acceso a los programas de salud. El sistema político y las religiones de una comunidad también afectan la calidad de la vida en general.

Es maravilloso cuando todas las comunidades se reúnen para celebrar una fecha patria, o cuando una nueva empresa se establece en la ciudad y ofrece oportunidades de trabajo muy necesarias. Con todo, esto también causa estrés. Una comunidad puede ser objeto de violencia, crimen sin control, desamparo, pobreza y tensiones raciales. Toda una comunidad puede ser dominada por la tensión por causa de un desastre natural. Todas estas condiciones —las agradables y las difíciles— pueden causar estrés en las comunidades.

Un factor común de estrés mundial es la guerra o amenazas de guerra. El terrorismo internacional, los gobiernos en transición, el hambre mundial, los diálogos de paz, las crecientes condiciones de enfermedad, y el temor provocado por el calentamiento global son todos fuentes de estrés.

Los cristianos se preocupan positivamente por la evangelización del mundo al extenderse de muchas maneras para esparcir el evangelio.

Como en los otros tipos de estrés, no todo el estrés mundial es negativo. Los cristianos se preocupan *positivamente* por la evangelización del mundo al extenderse de muchas maneras para esparcir el evangelio. También celebramos con atletas mundiales, ganadores del Premio Nobel, y otros que contribuyen a mejorar la calidad de la vida universal. No nos quejamos cuando, al oprimir un botón, podemos ver lo que está sucediendo alrededor del mundo, aunque la información pueda ser depresiva. Disfrutamos la habilidad de viajar en Internet. Los avances tecnológicos son una fuente progresiva de estrés, particularmente en las naciones industrializadas.

Somos parte de una sociedad global bombardeada por múltiples fuentes de tensión. No solamente estamos bajo la influencia de *varias* fuentes de estrés, sino además el bombardeo es *constante*. En muchos casos, también es *negativo*. Note los titulares de los periódicos y de la televisión. Escuche los noticieros de la radio. Estos medios destacan, entre otros factores, el conflicto, el desorden social y las pérdidas desde la economía hasta la reputación. Si hay un elemento de suspenso o sensacionalismo, el público estará más atento a la información. Todas éstas son formas negativas de estrés.

Si uno ve el noticiero de la noche, sea local, nacional o internacional, corre el riesgo de tener la presión más alta al terminar que al comienzo. No importa si la información le afecte directa o indirectamente, las noticias le afectarán de todos modos.

Conversé con un joven que asistió a una de mis conferencias sobre el estrés. Él me dijo: "Siempre estoy cansado y de mal humor cuando llego a casa después del trabajo". Cuando le pregunté qué hacía para relajarse, él dijo: "Voy al dormitorio, cierro la puerta y escucho el noticiero. Para la hora de la cena ya no quiero estar cerca de mi esposa ni de mis hijos. En verdad, es una situación muy mala". Él identificó una parte importante del problema. En vez de relajarse, estaba agrandando su carga de estrés con información negativa. El estrés tiene un efecto acumulativo y este joven padre estaba sobrecargado.

A veces hacemos algo buscando "relajarnos" cuando en realidad estamos acumulando más factores de estrés en nuestra mente y cuerpo que ya están cansados. No es de extrañarse por qué no podemos vivir en armonía con los que nos rodean.

Evalúe su capacidad de absorber información, positiva o negativa. La próxima vez que se sienta *fuera de control* y no pueda identificar el porqué, pregúntese si ha tenido una sobrecarga de información, especialmente negativa. Entonces piense en maneras de reducir la cantidad de información que recibe diariamente. Quizás pueda caminar en el parque. O apartarse en un lugar a solas. Uno puede estar solo sin sentir soledad. Sentirse cómodo en la soledad pueder renovar la mente, el cuerpo y el espíritu. Nos capacita para luego poder alcanzar a otros. Quizás usted prefiera estar en compañía de la gente. Si se siente abatido busque la compañía de aquellos que complementen su necesidad de un tiempo de quietud. ¡No piense que tiene que estar hablando para que su compañía sea significativa! En lugar de tener la vista fija en el televisor, tome la mano de un ser querido y sienta que el poder de esa presencia le transmite paz y serenidad. Apartarse a un lugar tranquilo —distanciarse de la televisión, radio y teléfono— puede limitar el impacto del bombardeo informativo. Eso le permite mantener un sentido de balance.

La idea de sentirme fuera de control me ha ayudado a determinar cuánta información puedo manejar, particularmente si la información es negativa. Sencillamente establezco límites. A veces paso días y semanas sin ver los noticieros, leer el periódico ni escuchar la radio. Esta acción sencilla me ayuda a controlar el estrés en vez de permitirle que me robe la energía positiva que puedo invertir productivamente en otras actividades.

Impacto económico del estrés

El estrés es costoso. Estudios recientes indican que un 90% de todas las visitas al médico general son por problemas relacionados con estrés[4].

Las investigaciones continúan confirmando el rol del estrés en una serie de síntomas de enfermedades cardiovasculares, cáncer, desórdenes gastrointestinales, y muchos otros cuadros asociados con disturbios del sistema inmune.

La página siguiente presenta un cuadro estadístico, preparado por el mencionado estudio, de los resultados del estrés.

---

[4]Ishman BodyCare Center, "The Cost of Stress". Estadísticas acreditadas a "Employee Burnout: America's Newest Epidemic, "Northwestern National Life; Job Stress: The 20th Century Disease", UN International Labor Organization, y "Mitchum Report on Stress in the '90's". Disponible electrónicamente: htttp://www.ibodycare.com7CostofStress,htm, diciembre 1998.

- Un 80% de los accidentes industriales se deben al estrés.
- Más del 50% de los días de trabajo perdidos tienen relación con el estrés.
- 14% de los obreros dicen que por causa de estrés tuvieron que dejar, o cambiar de trabajo en los dos últimos años.
- En algunos estados, las oficinas de compensación de trabajo por causa de estrés están a punto de declararse en bancarrota.
- Se estima que el estrés en o fuera del trabajo cuesta a las compañías de Estados Unidos unos $ 200 mil millones al año por reducción de productividad, accidentes, reclamos de compensación, despidos, seguros de salud, y gastos médicos. Esto es más que las ganancias de las 500 empresas más lucrativas —después de pagar los impuestos— y 10 veces el costo de todas las huelgas juntas.

¡Imagine cuánto más ricos y más saludables seríamos si aprendiéramos a limitar nuestro estrés y a responderle en una forma mejor!

Salida espiritual para controlar el estrés

Este libro enfatiza la salida espiritual para controlar el estrés. Hay mucha información acerca de qué hacer física y mentalmente para controlar el estrés. Estos recursos son útiles. El enfoque espiritual para tratar el estrés no se usa frecuentemente, y yo quiero enfatizar ese aspecto. La Biblia está llena de fórmulas para manejar el estrés, y yo creo que Jesucristo es el mejor modelo para este tratamiento. Mi oración es que cuando usted lea este libro descubra nuevas ideas, ensanche su comprensión, o refuerce lo que ya sabe acerca de la dinámica del enfoque cristiano para tratar el estrés. Hay un camino maravilloso para el tratamiento del estrés en la vida diaria. Es el camino cristiano.

Cómo respondemos al estrés

Respondemos al estrés mental, emocional, física y espiritualmente. Respondemos con *todo nuestro ser*: mente, cuerpo y espíritu. La fuente del estrés puede centrarse más en una de estas áreas que en las otras, pero en la *reacción* participa todo nuestro ser. La ilustración siguiente muestra la interacción constante entre nuestra estructura mental, emocional, física y espiritual.

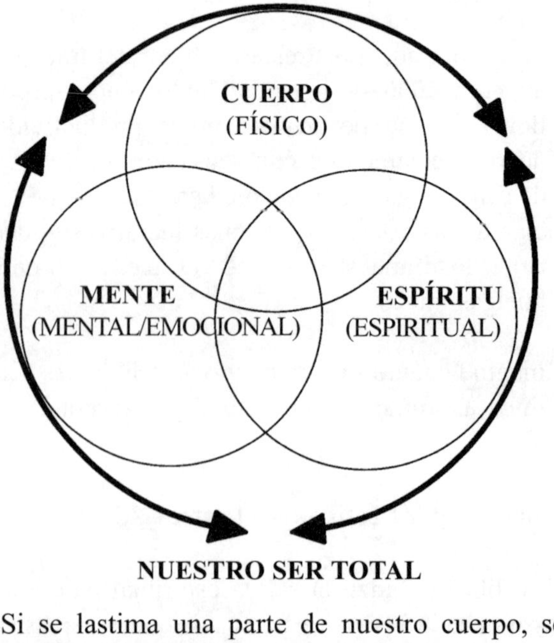

Si se lastima una parte de nuestro cuerpo, se afectan todas las demás. Por ejemplo, si nos duele una muela, probablemente no querremos ni saludar a otros. Preferimos darle atención al dolor de muela primero, y después quizás nos sintamos con ánimo para ser sociables. Una preocupación mental puede afectar nuestra disposición física. Lo mismo sucede con nuestra naturaleza espiritual. Un dilema espiritual puede afectarnos mental, emocional y físicamente. De igual manera, si estamos felices nos sentimos bien en todo nuestro ser. Toda nuestra individualidad está entretejida, es interactiva e interdependiente. Es una de las maravillas de ser creados a la imagen de Dios.

El salmista escribió: "Tú fuiste quien me formó en el vientre de mi madre. Soy una creación maravillosa, y por eso te doy gracias" (Salmo 139:13, 14).

Caminar en la cuerda floja

Tal vez todos hemos visto a un trapecista caminar en la cuerda floja. El trapecista tiene que balancear un pie a la vez para mantener el equilibrio y no caerse de la cuerda. Usted y yo hacemos lo mismo en nuestra vida diaria. Cada día, cada momento del día, buscamos mantener el equilibrio, el balance de nuestras vidas. Algunas veces lo hacemos conscientemente; otras, inconscientemente. Para esto tomamos ciertas decisiones y ciertas acciones. Así respondemos al estrés. Es como caminar en la cuerda floja.

Podemos perder el balance en la vida cuando tenemos demasiado estrés. También lo podemos perder cuando no tenemos suficiente estrés para medir nuestra mente y energía. Perdemos el sentido de balance en cualquiera de los extremos. ¿Cómo, pues, mantenemos nuestro balance, y cómo sabemos si estamos en peligro de perderlo?

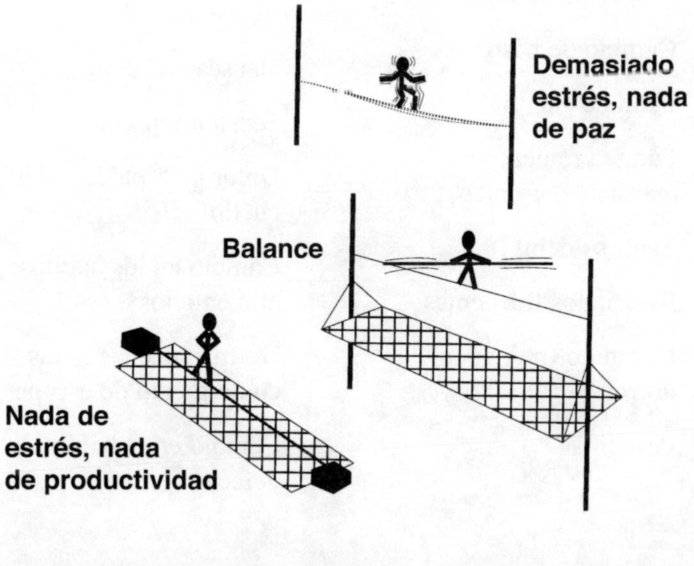

Cómo se presenta el estrés

Una de las maneras de saber dónde estamos en relación con el estrés en nuestra vida personal es teniendo un profundo conocimiento de cómo éste se presenta. El estrés se revela a través de una serie de señales y síntomas. Una *señal* es una condición que se puede observar. Un *síntoma* es lo que, por lo general, la persona experimenta. Las señales y los síntomas varían según las personas. El estrés no afecta a todos de la misma manera. Veamos algunas de las formas más comunes en que se presenta el estrés. En las siguientes páginas se encuentra un Inventario personal de estrés. Revise cada punto y marque { √ } los que usted haya experimentado en los últimos seis meses. Incluya un inventario de sus pensamientos y sentimientos. Note si ha marcado más puntos en un área que en otra. ¿Qué muestra el inventario acerca de su situación personal de estrés? La situación de una persona puede concentrarse más en un área que en otra. Sin embargo, el estrés afecta a la persona total.

Inventario personal de estrés

Señales y síntomas físicos

____ Propensión a enfermarse

____ Cambio de peso

____ Falta de energía

____ Fatiga crónica (cansancio crónico)

____ Sentirse débil

____ Resfriados frecuentes

____ Insomnio (no poder dormir)

____ Pesadillas

____ Dolor de cabeza frecuente

____ Náusea

____ Tensión muscular

____ Dolor de espalda y del cuello

____ Cambio en los hábitos alimenticios

____ Dormir muchas horas como medio de escape

____ Cambio en el hábito de defecar

Señales y síntomas fisiológicos y emocionales

- ____ Depresión
- ____ Pérdida del interés en actividades de recreación
- ____ Sentimiento de abandono
- ____ Desesperanza
- ____ Deseo de llorar
- ____ Falta de concentración
- ____ Olvido
- ____ Confusión
- ____ Irritabilidad
- ____ Preocupación
- ____ Nerviosismo
- ____ Tristeza
- ____ Temor
- ____ Soledad
- ____ Ansiedad
- ____ Ira frecuente
- ____ Concepto negativo de sí mismo
- ____ Ideas de suicidio
- ____ Concepto negativo de su trabajo
- ____ Concepto negativo de la vida
- ____ Deseos de morir
- ____ Posponer frecuentemente el trabajo o lo que tenga que hacer
- ____ Soñar despierto como medio de escape
- ____ Llegar tarde al trabajo frecuentemente
- ____ Frecuente ausencia del trabajo
- ____ Sobrecargarse de trabajo
- ____ Discutir con frecuencia
- ____ Inhabilidad para establecer límites

Señales y síntomas espirituales

- ____ Enojarse consigo mismo
- ____ Enojarse con la vida en general
- ____ Estar enojado contra alguien
- ____ "Dios no escucha mis oraciones"

____ Dificultad para orar o adorar

____ No asistir a la iglesia

____ Apatía por la iglesia

____ Sentir que Dios le ha abandonado

____ Ya no leer la Biblia

____ Dudar de su llamamiento

____ Dudar de su salvación personal

____ Sentirse abandonado por la iglesia

____ Sentirse indigno de ser perdonado

____ Sentirse indigno del amor de Dios

Ha habido ocasiones en que las personas han marcado todos o casi todos los puntos de la lista. Entre ellas ha habido pastores, ministros y líderes de iglesia, estudiantes seminaristas o sus esposas. Nadie es inmune al estrés. Ni debemos sentir vergüenza si vemos que nuestro estrés está fuera de control. La cosa importante es aprender lo que es el estrés y cómo usarlo para nuestro provecho, y no permitir que el estrés sea una fuerza destructiva en nuestra vida. Hace varios años estuve dirigiendo una conferencia sobre el estrés para un grupo de pastores. Algunas esposas también asistieron. Después de completar el ejercicio anterior, uno de los pastores me mostró que él había marcado toda la lista de síntomas. Él quería ayuda. Le sugerí que hablara con otro pastor de su mismo grupo cultural. Él me dijo: "Nosotros no hacemos eso". Entonces le sugerí que hablara con otro pastor de su misma fe pero de un grupo cultural diferente. Él respondió: "Tampoco hacemos eso". Le pregunté si prefería buscar un centro de consejería cristiana en el directorio telefónico. Él guardó silencio. Me encontré deseando resolver un problema sin tener suficiente conocimiento de las necesidades de las familias pastorales. Decidí honrar el silencio.

Tuvimos sesiones grupales de aconsejamiento por varios días. Durante este tiempo noté que este pastor parecía tener una lucha personal. Su angustia era visible, aunque él era quieto y reservado. Mientras estábamos allí sentados, mirándonos cara a cara, en silencio, él dijo: "Donde yo vivo hay un seminario. Voy a ir allá a buscar ayuda". Y lo hizo. Varias semanas más tarde supe que él estaba recibiendo consejería profesional y ya se sentía mejor.

Esa fue mi primera conferencia sobre el estrés. Fue la primera con un grupo pastoral. En verdad, yo sabía muy poco sobre sus necesidades especiales. Al reflexionar en la situación de aquel pastor, comprendo que es muy difícil para los líderes de iglesia, ministros y pastores hablar unos con otros acerca de sus confidencias personales. A un líder espiritual no le es fácil arriesgarse a revelar su vida personal. ¿Qué pensarán los otros líderes? ¿Qué si los miembros de mi iglesia lo descubren? ¿No estoy bien con Dios? ¿Es esto una señal de debilidad? ¿Indica falta de fe? Satanás aprovecha nuestro punto vulnerable en tiempos de estrés y procura sumergirnos en la duda, vergüenza y lástima personal. Estos pensamientos y sentimientos nos ciegan para que no busquemos soluciones positivas. Estamos muy enredados y envueltos en nuestro dolor. Y es allí exactamente donde Satanás quiere que se queden los cristianos. Sin cambiar. Él procura convencernos de que no necesitamos cambios. No necesitamos buscar solución a nuestros problemas. Pero si nos quedamos en un estado de parálisis mental, emocional y espiritual llegamos a ser ineficaces. Esta condición limita nuestra habilidad de glorificar a Dios y contribuir al adelanto de su reino.

A un líder espiritual no le es fácil arriesgarse a revelar su vida personal. ¿Qué pensarán los otros líderes? ¿Qué si los miembros de mi iglesia lo descubren?

Pero Dios tiene otro plan. Él sana las heridas de los que han perdido toda esperanza (vea Salmo 147:3). "...Aceptó atender mis ruegos... Mi vida corría peligro y me puso en lugar seguro. Me enseñó un nuevo himno para cantarle alabanzas" (Salmo 40:1-3).

Sea que usted es un líder o un miembro de la iglesia, esté alerta para notar las señales de estrés en el cuerpo de la iglesia. No estoy diciendo que vayamos a la iglesia con un lente microscópico procurando descubrir el estrés de cada uno. Quiero decir que, como cristianos, tenemos la responsabilidad de ministrar unos a otros en las pruebas de nuestra vida. Hoy puedo ayudar a alguien más. Mañana quizás sea yo misma quien necesite ayuda. Para ser un instrumento de sanidad para el cuerpo de Cristo, debemos ser sensibles a la necesidad y estar dispuestos a tomar los pasos necesarios para ayudar en la restauración del bienestar. Note que cuando Ezequías estaba a punto de morir, Dios dijo: "Escuché su oración y vi sus lágrimas... voy a sanarlo" (2 Reyes 20:5b).

Dos opciones

El estrés nos afectará en una de dos maneras. Puede ayudarnos, o puede hacernos daño. Usted y yo tenemos dos opciones. Podemos reaccionar positivamente y ayudarnos. O podemos reaccionar negativamente y hacernos daño a nosotros, y a veces a otros. La situación, problema, o factor que causa el estrés es *neutral*. Usted y yo tenemos que decidir si sacar provecho de la situación o convertirnos en víctimas del estrés.

Algunas personas viven todo el tiempo creyendo que son víctimas, que no tienen ayuda y que no pueden hacer nada para liberarse de las garras del estrés negativo. Eso no es así. La vida no tiene que ser así. Tenemos algunas opciones. En unión con Cristo podemos vencer. Realmente no importa la clase de problema que tenga, ni cuán difícil sea. El estrés puede canalizarse en una o en otra dirección: positiva o negativa; beneficiosa o destructiva. ¿En cuál dirección irá? Eso depende de su decisión personal.

2

La importancia de la percepción

Un profesor universitario dividió su clase en dos secciones. Pidió que la mitad de la clase cerrara los ojos y que la otra mitad observara la imagen A que él proyectó en la pantalla como se ve en la figura de la izquierda.

El profesor pidió que los que tenían los ojos abiertos miraran fijamente la imagen proyectada y que recordaran lo que habían visto. Después él cambió el orden de la actividad. Los que habían visto la imagen A cerraron los ojos, y él mostró la imagen B a la segunda mitad de la clase. También les dijo que miraran fijamente la imagen proyectada y que recordaran lo que habían visto.

Finalmente, el profesor proyectó la imagen C y pidió que ambos grupos dijeran lo que habían visto.

Los estudiantes que habían visto la imagen A, vieron la imagen A otra vez: una joven bonita y elegante. Los que habían visto la imagen B, otra vez vieron la imagen B: una anciana poco atractiva. La percepción es una conducta que se aprende. Tendemos a ver lo que conocemos.

La manera como vemos y como reaccionamos al estrés está determinada en gran parte por lo que hemos experimentado y cómo hemos aprendido a responder a estas situaciones. Dos personas pueden mirar una misma cosa y ver algo completamente diferente. La percepción de ellas dependerá de cómo fueron criadas y de su propio modo de ver las cosas.

Los seres humanos somos criaturas de hábito. Crecemos comiendo ciertos alimentos, vistiendo de cierto modo, hablando cierto lenguaje y pensando de cierta manera. Por eso tenemos la tendencia a resistir al cambio.

Lo mismo ocurre con las actitudes y los sentimientos. Una vez que los hemos adoptado, no queremos soltarlos. Se requiere esfuerzo para cambiar y, además, el cambio puede ser doloroso. Cuando una persona crece en un ambiente sin amor ni aceptación, es probable que perciba la vida de manera diferente a la de alguien que creció sintiéndose amado y aceptado. El amor y la aceptación no forman parte del sabor de la vida para el que no los ha experimentado. Hay un abismo, un constante sentimiento de soledad, un vacío en la vida de tal persona. El estrés sin resolver aprieta fuertemente. "La angustia causa tristeza" (Proverbios 12:25a). Proverbios 17:22b dice: "Cuando se pierde el ánimo, todo el cuerpo se enferma". A menos que se rompa esa cadena opresiva, algunos viven creyendo que así debe ser la vida: negativa y dolorosa.

Se ha dicho que algunas personas mueren a los 15 años de edad; pero se les entierra a los 52. Aun morir a los 52 años de edad se considera una muerte prematura. Ellos pasan por la vida sin un sentido de propósito ni dirección. Con el tiempo sucumben abatidos, víctimas del negativismo y el estrés sin resolver.

Se ha dicho que algunas personas mueren a los 15 años de edad; pero se les entierra a los 52.

El que ha experimentado amor y aceptación puede derrotar las garras del estrés y convertir en victoria cualquier circunstancia adversa de la vida. Para el cristiano, esto significa buscar el rostro de Dios. Significa depender de él, no de nosotros mismos. Significa buscar su verdad en las Escrituras. La vida victoriosa requiere oración y total obediencia a Jesucristo. "Dios bendice a quienes en él confían" (Proverbios 16:20). Esta es la reacción positiva al estrés. Escoger el camino positivo no significa que será un camino fácil y libre de dificultades. Ni quiere decir que todo nos va a salir como nosotros lo deseamos. La garantía que tenemos en Cristo es que Dios nos da la gracia para subsistir. Dios dice: "Bástate mi gracia; porque mi poder se perfecciona en la debilidad" (2 Corintios 12:9, RVR-1960).

Volviendo a nuestras raíces cristianas, de todos los modelos de la Biblia Jesucristo es el ejemplo ideal para aprender a manejar el estrés con éxito. Mi oración es que usted aprenda a percibir el estrés a través de los ojos de Jesucristo, y que incorpore a su vida diaria las enseñanzas y respuestas bíblicas al estrés. Las sugerencias que identificaremos para tratar con el estrés eficazmente no vienen de descubrimientos científicos del hombre. Vienen directamente de la Biblia, la Palabra de Dios. "Cada palabra que Dios pronuncia tiene poder y tiene vida. La Palabra de Dios es más cortante que una espada de dos filos, y penetra hasta lo más profundo de nuestro ser. Allí examina nuestros pensamientos y deseos, y deja en claro si son buenos o malos" (Hebreos 4:12). "Tu palabra es una lámpara que alumbra mi camino" (Salmo 119:105).

> *...de todos los modelos de la Biblia Jesucristo es el ejemplo ideal para aprender a manejar el estrés con éxito.*

Conceptos básicos acerca del estrés

- Estrés es la reacción del cuerpo a un estímulo.
- El estímulo puede ser interno o externo.
- Estrés es una experiencia humana universal.

- El estrés está en todas partes en nuestro ambiente.

- Reaccionamos al estrés mental, emocional, física y espiritualmente.

- Tenemos dos opciones al tratar con el estrés. Podemos reaccionar positivamente y usar la experiencia para nuestro beneficio. O podemos reaccionar negativamente y convertirnos en víctimas del estrés.

- La decisión de cómo responder al estrés es nuestra.

- Jesucristo es el ejemplo ideal para aprender a manejar el estrés con éxito.

Revise su nivel personal de estrés

Este cuestionario del estrés tomando en cuenta "unidades de cambio de vida" está basado en la obra original de los doctores Thomas H. Holmes y Richard H. Rahe (1967). Identifica las situaciones estresantes experimentadas en un período de 12 meses. Cada situación estresante vale un punto. Marque { √ } los eventos que han sucedido en su vida en los últimos 12 meses. Sume los puntos al final del cuestionario.

Muerte del esposo (o esposa)	___100
Divorcio	___ 73
Separación matrimonial	___ 65
Encarcelamiento	___ 63
Muerte de un familiar cercano	___ 63
Accidente personal o enfermedad	___ 53
Matrimonio	___ 50
Despido del trabajo	___ 47

Reconciliación matrimonial	___ 45
Jubilación	___ 45
Cambio en la salud de un miembro de la familia	___ 44
Embarazo	___ 40
Dificultad sexual	___ 40
Llegada de un nuevo miembro a la familia	___ 39
Reajustes importantes en los negocios	___ 39
Cambio importante en el nivel económico	___ 38
Muerte de un amigo íntimo	___ 37
Cambio a una clase de trabajo diferente	___ 36
Aumento en el número de discusiones con su pareja	___ 35
Hipoteca	___ 31
Pérdida por hipoteca o préstamo	___ 30
Cambio de responsabilidad en el trabajo (promoción, degradación, traslado)	___ 29
Hijo o hija que se va del hogar	___ 29
Problemas con la familia política	___ 29
Logro personal sobresaliente	___ 28
Esposo o esposa comienza o deja de trabajar fuera del hogar	___ 26
Vuelve a estudiar	___ 26
Cambio en condiciones de vida (remodelación, deterioro o construcción de una nueva casa)	___ 25
Revisión de hábitos personales	___ 24
Problemas con el jefe	___ 23
Cambio en horario o condiciones de trabajo	___ 20

Cambio de residencia	___	20
Cambio a una nueva escuela	___	20
Cambio de tipo o cantidad de recreación	___	19
Cambio en actividades de la iglesia	___	19
Cambio de actividades sociales	___	18
Compra de un auto, u otras compras grandes	___	17
Cambio en los hábitos de dormir	___	16
Cambio en número de reuniones familiares	___	15
Cambio en hábitos de comida	___	15
Vacaciones	___	13
Celebración de Navidad u otros días feriados	___	12
Pequeñas violaciones de tránsito	___	11
	Total	

Multiplique el valor por el número de veces que ocurrió el evento. Entonces sume todos los puntos. Si el total está entre 150 y 300, tiene un 50 por ciento de posibilidad de enfermarse dentro de dos años. Si el total es de 300 o más puntos hay un alto porcentaje (80 por ciento) de probabilidades de enfermarse en los próximos dos años[1]. Examine cuidadosamente el puntaje total. Si tiene más de 300 puntos, revise lo que está sucediendo en su vida. Quizás tenga que hacer algunos cambios.

---

[1]Gary L. Cooper, *The Stress Check*, (Englewood Cliffs, N.J.: Prentice-Hall, Inc., 1981), pp. 121, 122.

3 Reacciones al estrés

Reacciones psicológicas y emocionales

Ya hemos hablado de algunas señales y síntomas comunes del estrés. En el área psicológica/emocional, el estrés puede mostrarse por medio del aislamiento. Algunas personas escogen apartarse de otras. Pueden llegar al extremo de encerrarse en un cuarto con llave, cerrar las persianas, no querer comer, hablar ni ver a nadie. Otras demuestran el estrés volviéndose irritables. Los familiares se quejan de su mal humor y de su conducta agresiva. Los que le rodean se sienten incómodos porque temen que en cualquier momento la persona enojada golpee a alguien. El mal genio y la conducta agresiva a veces se ven en el trabajo. Las frustraciones no se quedan en el hogar.

Otras reacciones al estrés son el nerviosismo, el temor o la ansiedad. Cuando experimentamos estos sentimientos durante un momento de estrés, una vez que se resuelve la situación, la reacción debe desaparecer. Si estos sentimientos continúan después de la solución del problema, indican un desequilibrio en la vida de la persona.

Algunas reacciones al estrés se muestran en los extremos opuestos de lo que generalmente se espera. Por ejemplo: Hay quienes reaccionan recargándose de trabajo. Están tan ocupados en su labor que se olvidan del mundo que les rodea. Hasta pueden sentirse muy contentos de estar tan recargados. En algunos casos encuentran su valor personal en el trabajo. Creen que cuanto más trabajan más valiosos son. Algunos pastores han dado testimonio de su fidelidad al llamado midiéndola por el cansancio que sentían al terminar el día. En otras palabras, a mayor cansancio mayor sentimiento de fidelidad. Esta idea cambió cuando ellos se encontraron mirando hacia el cielo raso en el cuarto del hospital mientras se recuperaban de un ataque al corazón.

También hay otros que evitan trabajar, como reacción al estrés. Ellos comienzan a llegar tarde al trabajo, hasta que esto se vuelve costumbre. La tardanza progresa y se convierte en ausencia. Ni su mente ni su corazón están en el trabajo.

Las circunstancias de la vida pueden tornarse tan demandantes y complicadas que la persona quiere darse por vencida. Se pregunta si vale la pena vivir. Piensa en el suicidio, desea morirse. Si esto nos sucede, enseguida debemos levantar en nuestra mente una bandera roja en señal de alerta. Puede ser un pensamiento rápido en un momento de extrema presión. Si persiste el pensamiento de terminar con la vida, es una señal muy peligrosa. En este caso hay que buscar ayuda profesional inmediatamente.

Otra señal de estrés psicológico/emocional es la ira persistente. Imagine que cada uno de nosotros lleva en los hombros un costal invisible. Cada vez que enfrentamos desalientos, discusiones, molestias y otros obstáculos negativos durante el día, los echamos en el costal invisible. Necesitamos vaciar este costal al final de cada día, preferiblemente por medio de una oración humilde. Lo que sucede a menudo es que amontonamos una experiencia negativa sobre otra; fallamos en vaciar el costal y éste llega a ser tan pesado que nos tropezamos con el impacto negativo de la ira sin resolver. En ocasiones, esta ira ha permanecido por muchos años. Con el tiempo ha echado raíces profundas. Una persona puede vivir muchos años con la actitud de: "Uno de estos días me desquitaré", todo para su perjuicio personal. Porque guardando toda esa ira, ella (no la fuente del enojo) termina con una úlcera estomacal o con un ataque al corazón.

Señales y síntomas físicos

Algunas señales y síntomas físicos del estrés también se presentan en los extremos opuestos de lo que generalmente se espera. Por ejemplo: Algunas personas reaccionan al estrés comiendo demasiado. Otras dejan de comer. Cualquier extremo es siempre peligroso. Una mujer con exceso de peso va a comprar un vestido y no encuentra uno que le quede bien. Le echa la culpa a la tienda de ropa. Se deprime. Va a la casa y se come todo un pastel, en lugar de una porción. Después se siente mejor. Vuelve a la tienda a buscar ropa. Cuando no puede encontrar un vestido bonito que ella se pueda poner, siente la depresión otra vez. Y el ciclo se repite. Este es un patrón de conducta de estrés no resuelto.

Algunas personas reaccionan al estrés comiendo demasiado. Otras dejan de comer.

Mientras que algunas personas padecen diarrea como reacción al estrés, otras padecen estreñimiento. Algunas sufren de insomnio. Otras no pueden despertarse. Algunas se vuelven más susceptibles a la enfermedad. Algunas experimentan resfriados frecuentemente. Otras se quejan porque siempre sienten cansancio: se acuestan cansadas, y se levantan cansadas. Frecuentes dolores de cabeza, tensión muscular, dolores en la espalda y en el cuello; todos estos son síntomas comunes de estrés. También puede producir irritación de la piel. Nuestro cuerpo nos habla y nos dice que tenemos que buscar ayuda. Para nuestro beneficio, debemos ser sensibles a las señales y síntomas de estrés.

Señales y síntomas espirituales

El aspecto espiritual del estrés es el área que más tendemos a ocultar o ignorar. Una razón para esto es el concepto erróneo de que la vida del cristiano debe ser tan bien organizada que no debe tener estrés. En otras palabras, si el creyente sufre estrés es porque algo malo debe haber en su relación con Dios. Así que los creyentes que experimentan estas dificultades se sienten impulsados a esconderlas. No quieren que se les identifique como débiles o fracasados; por lo tanto, la negación llega a ser una conducta evasiva. La sonrisa en su rostro esconde la hemorragia de su corazón.

El aspecto espiritual del estrés es el área que más tendemos a ocultar o ignorar.

Las señales y síntomas espirituales también se caracterizan por la ira. Puede haber enojo hacia sí mismo, hacia otros, hacia la vida en general o hacia Dios. Este enojo se traduce en enojo contra la iglesia. Puede expresar un espíritu de condenación a los que van a la iglesia. La relación se puede expresar como de "ellos, los hipócritas" y "yo". La crítica puede lanzarse primero al pastor, después a su esposa e hijos, luego a los diáconos, al director de música, y la lista parece interminable.

El negativismo puede progresar hasta que la persona llega a dudar de su propia salvación, dudar de su llamado, sentirse indigna de ser perdonada, y sentir que Dios le ha abandonado. Puede dudar de que Dios oiga sus oraciones, por lo tanto deja de leer la Biblia. La oración se vuelve fría y distante, y la embarga la apatía. Esta persona puede ser alguien que se sienta en la última banca cuando va al templo. No tiene interés de participar en nada. Puede ser hábil en la enseñanza, pero no quiere enseñar.

No quiere cantar. No quiere ayudar de ninguna manera. La paradoja es que con el tiempo lo dejamos solo y nos justificamos razonando: "de todos modos, nadie lo quiere". Sin embargo, puede ser precisamente durante este tiempo negativo cuando la persona más necesite de alguien que le muestre interés. Esta puede ser su única manera de pedir ayuda. Debemos buscar más allá de lo que vemos por señales de estrés no resuelto, y compartir una palabra de aliento, un saludo cariñoso, mostrarle amor y aceptación. Debemos usar nuestra sensibilidad antes que emitir un juicio sobre la condición de la persona.

Revise su botiquín

Cuando experimentamos estrés en proporciones anormales, nuestro cuerpo nos habla por medio de algunas de las señales que ya hemos mencionado, aunque cada uno experimenta estrés en forma diferente. Un barómetro para medir la forma en que le damos atención al cuerpo es el botiquín del hogar. Dele una ojeada a su botiquín. ¿Tiene muchos antiácidos? ¿Toma antiácidos todo el día para controlar los nervios del estómago? En el supermercado, cuando va a la sección de medicamentos ¿busca los envases con la etiqueta que dice *extra fuerte* en los medicamentos para dolores, para dormir mejor, para la digestión, para bajar de peso rápidamente, para tener más energía?

A veces nos convencemos a nosotros mismos de estar muy ocupados para ir al médico cuando persisten algunas señales y síntomas de estrés. Procuramos apaciguar el malestar con nuestros propios medicamentos. Si usted va al médico con síntomas de insomnio, él le dará una receta para dormir mejor. Si su problema es que no puede despertar fácilmente, él le prescribirá medicina para estar más alerta. Si tiene la presión alta, recibirá un medicamento para controlar la presión. Si tiene diabetes, recibirá medicina para diabetes. Si tiene depresión, le recetará antidepresivos. Pero probablemente el médico no le va a preguntar: "¿Qué está sucediendo en su vida?". Si usted evita esa pregunta, y el doctor tampoco se lo pregunta, usted está caminando hacia el día en que pagará por eso. Ese será el día en que su cuerpo (psicológico, emocional, físico y espiritual) le va a decir: "Te he estado dando señales y síntomas. Te he dado muchos avisos, pero decidiste no escucharlos. Ahora tú debes pagar. No puedo vivir en estas circunstancias. O cambias o te mueres".

Nuestro cuerpo es como un colchón de resortes: cuando es nuevo puede aguantar la presión, rebota y vuelve a su lugar cuando se le quita el peso. Sin embargo, si el colchón continúa aguantando el peso durante años, se desgasta. Cuando se le hace presión ya no rebota, ni vuelve a su lugar cuando se le quita la presión. Se queda aplastado y sin forma. Con nuestro cuerpo sucede lo mismo. Cuando nos sometemos a las presiones del diario vivir sin algún alivio constructivo, con el tiempo a nuestro cuerpo se le acaba la habilidad de *rebotar* y *recuperar* su forma. Cojea bajo el peso del estrés no resuelto. Cuando esta condición persiste sin cambiar, finalmente el cuerpo se derrumba y muere.

Si se detiene a pensar en esto, quizá se acuerde de alguien que haya muerto prematuramente por causa de estrés no resuelto. No permita que esto le suceda a usted. Procure evitar que le suceda a uno de sus seres queridos. El conocimiento es poderoso. La ignorancia es peligrosa. La verdad es libertad (vea Juan 8:31, 32).

Hemos visto la definición de estrés y hemos identificado algunas fuentes del estrés. También hemos hablado sobre algunas señales de estrés en tres categorías: psicológica/emocional, física y espiritual, y hemos identificado algunas de las reacciones a los factores de estrés en estas categorías. La pregunta que nos queda es: ¿Cómo *tratamos con el estrés*? En los siguientes capítulos vamos a ver algunas claves espirituales para controlar el estrés exitosamente. La primera clave es hacer un inventario de las fuentes de estrés en su vida actual. La segunda clave es darle atención al cuerpo; oír lo que su cuerpo le está diciendo. La tercera clave es mantener una vida balanceada. Comenzaremos con la primera clave.

4 Claves para controlar el estrés

Hay tres claves para controlar el estrés. La *primera* es hacer inventario de los factores de estrés en nuestra vida. La *segunda* es escuchar lo que dice nuestro cuerpo dando atención a las etapas de alarma, resistencia y agotamiento. La *tercera* es mantener un estilo de vida saludable y balanceado. Veamos cada una de estas claves individualmente. A medida que lee, tome tiempo para contestar las preguntas, aplicar las declaraciones a su vida, y determinar maneras de controlar mejor el estrés y vivir más pacífica y equilibradamente.

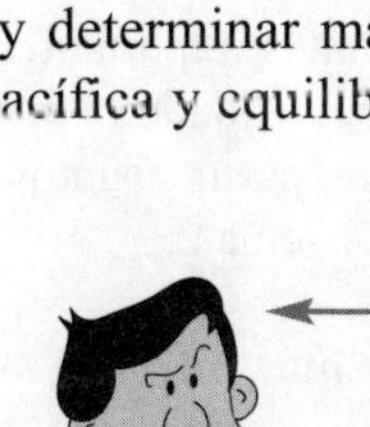

Clave 1: Haga un inventario de los factores de estrés en su vida

Piense en usted mismo. ¿Hay algo en su vida que le está afectando? Cuando se mira en el espejo cada mañana, ¿le gusta la persona que ve allí? ¿Ve una persona a quien usted respeta?

¿Ama usted a la persona que ve allí? ¿Cómo se siente acerca de usted mismo? No pregunto si le gusta la forma de su nariz o el color de sus ojos. Le hablo acerca de su ser interior. ¿Está en paz consigo mismo?

¿Qué acerca de su familia? ¿Está experimentando algún problema con su familia? Si usted es soltero, ¿cómo es su relación con su familia? Si es casado, ¿cómo está su relación con su cónyuge, sus hijos y la familia extendida? Algunas de las fuentes más comunes de estrés son la pobre comunicación en la familia y los asuntos financieros. La mayoría de los casos de estrés en las familias incluye uno o ambos de estos aspectos. Los esposos reconocen una comunicación pobre con la esposa, y la esposa reconoce una comunicación pobre con el esposo. Ambos padres tienden a identificar problemas de comunicación con los hijos. Los jóvenes tienden a identificar una comunicación pobre con sus padres como una de las principales fuentes de estrés.

St. Clair escribe:

> Con más de la mitad de adolescentes viviendo en hogares de padres solteros, y más de 65 por ciento de todas las madres trabajando fuera del hogar, no es de extrañarse que los padres no inviertan tiempo con sus hijos. Según George Barna, entre los adolescentes cuyo padre está presente en el hogar, el promedio de tiempo que conversan con ellos sobre asuntos importantes es menos de 40 minutos por semana... En hogares donde la mamá está presente, el promedio que dedica a compartir asuntos de interés con ellos es menos de 55 minutos por semana[1].

Hagamos una pausa para examinar más a fondo algunas dinámicas de la familia contemporánea. Sea que la madre trabaje fuera del hogar o no, la probabilidad es que ella habrá trabajado todo un día cuando llega la hora de preparar la cena. ¿Se vuelve ella a su esposo y le dice: "Amor, te toca a ti preparar la

---

[1]George Barna, "Today's Teens: A Generation in Transition", boletín, p. 10; citado en la obra de Barry St. Clair, *The Magnet Effect* (Wheaton, Illinois: Victor Books, 1994), p. 15.

cena"? En la mayoría de los casos, la respuesta es *no*. Ella cocina, sirve y limpia después. Hay que limpiar la mesa. Hay que lavar los platos, secarlos y guardarlos. Hay pisos que barrer y fregar, y ropa que lavar, secar, doblar y guardar. A menudo hay ropa que planchar. Eso no es todo. Tiene que haber leche en el refrigerador, cereal para el desayuno, gasolina en el tanque del auto. Hay que organizar la ropa de Juanito de modo que las piezas concuerden mañana cuando él se vista para ir a la escuela. Hay cuentas que pagar. Los niños necesitan ayuda con las tareas escolares, y hay que hacer galletitas para la fiesta de la clase.

Son las 11:30 de la noche. La mamá está tan cansada que apenas puede caminar para llegar a la cama. El esposo está ya dormido y roncando con la cara vuelta hacia la pared. Él tiene dos trabajos para poder sobrevivir. Cuando los niños pidieron ayuda con el trabajo de la escuela, el papá los mandó a la mamá. La mamá los mandó con él. Finalmente, ninguno de los dos ayudó. El niño vuelve al salón de clases y se sienta atrás, avergonzado porque no hizo la tarea. Mamá y papá estaban demasiado ocupados y cansados, *por buenas razones*: para mantener el pan en la mesa; para sobrevivir a las demandas de la vida diaria.

Las familias con niños tienen factores adicionales de estrés. Uno principal es el cuidado de niños para los más pequeños, y/o el cuidado después de la escuela para los niños mayores. A los más pequeños se los deja en una guardería infantil donde pasan la mayor parte del día. Los niños mayores llegan a casa después de la escuela —si acaso van a la casa— a una casa vacía. El televisor cuida de los niños. Es mecánico, lleno de violencia, y de poderoso impacto.

Las familias con niños tienen factores adicionales de estrés.

Los padres continúan trabajando horas extra *por buenas razones*. Nadie va a discutir con los padres que trabajan para sostener a sus familias. En la mayoría de los casos encontramos justificación para estar estresados, sobrecargados de tareas y agotados. Cuando los estudiantes se gradúan de la escuela secundaria ya habrán mirado 15.000 horas de televisión, lo cual significa 3.000 horas más que el tiempo pasado en el salón de clases[2].

La Academia Americana de Pediatras recalca la necesidad de reducir las horas de ver televisión a "no más de dos horas al día, para limitar el daño causado por la violencia y la programación sexual"[3]. El problema es la ausencia de los padres.

Los adolescentes quieren ropa de calidad. A ellos no les gustan los *blue jeans* baratos ni los zapatos de tenis baratos. Estos dos deben mostrar el nombre del diseñador, como los que tienen otros muchachos. Si necesitan transporte para ir a la escuela o al trabajo, ellos no pueden llegar en un auto viejo. Tiene que ser un vehículo bonito, como el de otros muchachos. Presión del grupo. Drogas y alcohol. Sexo. Todos están compitiendo por la atención de los jóvenes. ¡Y los padres se preguntan por qué ya no pueden comunicarse con sus hijos! Como consecuencia de este estilo de vida, lo que debe ser un hogar se convierte en un conjunto de personas que comparten un espacio físico pero carecen de unidad mental, emocional y espiritual.

Así que la esposa, finalmente llega a la cama sintiéndose demasiado cansada y sobrecargada. Cae en la cama y se queda dormida con la cara vuelta hacia la pared opuesta. Este escenario se observa en muchos hogares. Los problemas surgen cuando esto llega a ser lo normal. Puede suceder tan frecuentemente en muchos hogares que a la larga se vuelve un patrón, una rutina irremediable. La sobrecarga crónica llega a ser la norma para los padres, y los hijos aprenden a arreglárselas en ausencia de ellos. ¿O no? Las familias pueden desembocar por sí mismas en un

---

[2]Ibíd., p.16.

[3]USA Today, abril 17, 1990, Dobson y Bauer, "Children at Risk", p.207; citado en la obra de Barry St. Clair, *The Magnet Effect* (Wheaton, Illinois: Victor Books, 1994), p.16.

patrón de disfunción. La disfunción llega a formar hábitos. Con el tiempo la familia deja de ser una unidad cohesiva.

A medida que la sobrecarga crónica toma lugar en los padres, también lo hace la separación. Esta puede iniciarse en forma física. Después se vuelve emocional y mental, y al fin se convierte en distanciamiento espiritual. El esposo comienza a dormir en el cuarto de los hijos o en el sofá. Después de un tiempo, quizás dejará de venir a casa.

Algunas esposas hacen lo mismo. A la larga, ellas también dejan de venir a la casa. No quedan columnas que sostengan la casa, mucho menos el hogar o la familia.

La ironía de todo esto es que la pareja comenzó trabajando largas horas *por buenas razones*. Satanás se las ingenia para atrapar a los cristianos haciéndoles creer que están haciendo lo correcto. Él quiere que los padres estén cansados y agotados porque así son más vulnerables a sus ataques. Así ofrecen poca resistencia mental, física y espiritual. Toda la familia sufre.

Un día la pareja despierta. Están jubilados. Ya no tienen que andar corriendo a ninguna parte. Los trabajos que antes tenían ahora los desempeñan otros. Alguien más está predicando, aconsejando, visitando hospitales y cárceles, y tratando con los diáconos. Alguien más dirige el trabajo misionero de la iglesia, supervisa la sala cuna, planea banquetes, toca el piano y dirige el drama de Navidad. Alguien más es el director ejecutivo. Alguien más está encargado del salón de clases. Alguien más ha tomado su lugar. ¡Y todo el tiempo ellos habían pensado que eran indispensables!

Ahora están los dos tomando café en la mesa de la cocina. Se miran fijamente. Los hijos se han ido cada uno con su propia familia. El esposo y la esposa se miran y se dan cuenta de que no se conocen. Han dormido en la misma cama, han comprado juntos en las mismas tiendas, han compartido la cuenta del banco. Han asistido al mismo templo. Se han sentado juntos en la misma banca, asistían a la misma Escuela Dominical, cantaban en el mismo coro. Sin embargo, no se conocen realmente. Aun peor: no se *aman*. ¡Es una revelación desagradable! Todos estos años han vivido juntos por pura conveniencia. Tenían alimento. Tenían ropa. Un lugar donde dormir. Pero nada más. Ahora se preguntan por qué los hijos no les llaman. Puede que los hijos no se lo digan directamente, pero ellos sienten que cuando estaban creciendo, Mami y Papi no tenían tiempo para ellos. Por lo tanto, ¿por qué preocuparse por sus padres ahora?

El abandono por parte de los padres es una queja frecuente entre los hijos de líderes de iglesia, ministros y pastores.

El abandono por parte de los padres es una queja frecuente entre los hijos de líderes de iglesia, ministros y pastores. El abandono de la familia es una queja común entre esposas de pastores. El estrés sin resolver es la vía de oportunidad que usa Satanás para causar conflicto y separación en las familias cristianas.

Así que no es extraño oír de parejas de adultos en edad de jubilarse que se estén separando. Hay otras parejas cristianas que no esperan tanto tiempo para hacerlo. Ellas están divorciándose y separándose en números cada vez mayores.

En algunas culturas no se permite el divorcio. En lugares donde el divorcio no es una opción socialmente aceptable, las parejas se separan. La separación puede ser más tolerable desde un punto de vista sociocultural. Pero la herida y desilusión de un matrimonio fracasado y una familia dividida es igualmente dolorosa.

Con el creciente énfasis en la adquisición de cosas materiales como la medida para el progreso y el éxito, la familia cristiana debe permanecer alerta a la asechanza del estrés como táctica maligna para desviar a la familia. Después de todo, se requiere sólo un individuo en la familia y sólo un incidente para "descarrilar" a toda una familia. Una familia puede desviar a toda una iglesia. Satanás sabe que si él puede desviar a las familias e iglesias, finalmente puede apoderarse de todas las comunidades. Y allí no terminará todo. Su ambición es conquistar todo el mundo. Debemos luchar por la preservación de la familia cristiana. Individuos saludables forman familias saludables. Familias saludables forman iglesias saludables. Iglesias saludables pueden hacer una diferencia positiva por Cristo en la comunidad.

¿Dónde está usted en relación con el estrés en su vida hoy? Si el estrés lo afecta al grado de haber afectado también a su familia, es tiempo de enfrentar el problema y buscar soluciones saludables.

Cinco preguntas

Las siguientes preguntas pueden ayudarle a hacer un inventario de factores que causan estrés en su vida actualmente. Tome tiempo para pensarlas y contestarlas en la forma más precisa posible. Algunas veces será muy difícil enfrentarse a su necesidad. Este es un punto de partida hacia la sanidad y restauración de mente, cuerpo y espíritu. Quizás usted prefiera escribir las repuestas.

- ¿Qué factores le están causando estrés en su vida hoy?
- ¿De qué manera(s) le está afectando esta clase de estrés?
- ¿Qué acción(es) ha tomado usted?
- ¿Cuáles han sido los resultados?
- ¿Es necesario hacer algunos cambios? ¿Cuáles?

Mencioné antes que Jesucristo es el mejor ejemplo para tratar con el estrés. Veamos algunos ejemplos bíblicos. Preste especial atención a las acciones que se usan para contrarrestar los efectos negativos del estrés.

Indicadores espirituales para inventariar el estrés

Orientación bíblica	*Acción*
• "Cuando toda la gente se había ido, Jesús subió solo a un cerro para orar. Allí estuvo orando hasta que anocheció" (Mateo 14:23).	• Apártese para orar a solas.
• "Entonces Jesús les dijo: 'Vengan, vamos a un lugar tranquilo para descansar a solas' " (Marcos 6:31b).	• Retírese a un lugar tranquilo para descansar.
• "Vengan a mí, y yo los haré descansar. Obedezcan mis mandamientos y aprendan de mí, pues yo soy paciente y humilde de verdad. Conmigo podrán descansar. Lo que yo les impongo no es difícil de cumplir; la carga que les hago llevar no es pesada" (Mateo 11:28-30).	• Acepte la invitación de Cristo y dele a él sus cargas. • Cristo nos da la promesa: "Yo los haré descansar". • Cristo nos muestra la naturaleza de su corazón: "Soy paciente y humilde…". • Cristo nos llama a obedecer sus mandamientos y a aprender de él. Otra vez promete: "Conmigo podrán descansar". Con Cristo la carga es ligera.

Muchos grupos culturales valoran la independencia personal y la confianza en uno mismo. En nuestra cultura se nos enseña desde pequeños a hacer todo lo que podamos por nosotros mismos. Esta idea llega a ser tan integral de nuestra forma de pensar que aun como cristianos nos es difícil dejar que Jesús tome el control. ¿Cuántas veces hemos orado de rodillas pidiendo que Dios nos ayude en nuestra necesidad, y nos paramos otra vez llevando todavía la carga que pedimos a Dios que nos quitara?

En nuestra cultura se nos enseña desde pequeños a hacer todo lo que podamos por nosotros mismos.

Algunas veces nuestra actitud y conducta muestran desconfianza en la infinita sabiduría y el poder de Dios. Actuamos como si Dios necesitara nuestra ayuda para aliviar nuestras cargas. Él definitivamente quiere que nosotros descansemos en él: "Ustedes viven siempre angustiados; siempre preocupados. Vengan a mí, y yo los haré descansar" (vea Mateo 11:28). Tenemos que acercarnos a Dios en oración confiando positivamente en su respuesta. Dios es fiel. Su respuesta puede ser *sí, no,* o *espera;* pero él responderá. El salmista escribió: "Nuestro Dios es como un castillo que nos brinda protección. Dios siempre nos ayuda cuando estamos en problemas... Él es el Dios de nuestro pueblo, ¡él es nuestro refugio!" (Salmo 46:1, 11).

Yo puedo dar testimonio de la dificultad para no "dejarlo a él". En ocasiones he sentido como si fuera manejando el coche en una niebla densa. Aun las luces encendidas no ayudaban; no podía ver nada. Un sentido de desamparo y exasperación se apoderaba de mí.

Una de esas experiencias sucedió en 1983. En enero de ese año, mi hermana fue internada en el hospital con problemas del corazón. Unos días después de haber sido dada de alta, a mi hermano le diagnosticaron leucemia y debió ser internado en un centro médico para su tratamiento. Meses más tarde mi padre ingresó al mismo centro médico debido a un tumor pulmonar. Lo operaron y tuvo serias complicaciones. Dos seres queridos estaban muriendo casi al mismo tiempo en diferentes unidades del mismo centro médico.

Como enfermera, yo comprendía el pronóstico del cirujano. No era nada bueno. Yo estaba empezando a recuperarme de la muerte de mi madre y ahora esto hacía que la aflicción fuera insoportable. Hubo ocasiones cuando dudé del interés de Dios por mis familiares o por mí. Con el transcurso de los meses, hubo veces en que le pedí que me enviara la muerte. No tenía deseos de vivir. Había llegado al límite de mi resistencia. Pero Dios tuvo misericordia de mí. En los gritos silenciosos desde lo profundo de mi ser, él me consoló: Si estás angustiada y preocupada, ven a mí y yo te haré descansar (vea Mateo 11:28).

Mi padre murió en el mes de julio. Nunca salió del hospital durante los últimos cuatro meses de su vida. Richard murió unas semanas más tarde, poco después de cumplir 39 años. Había estado hospitalizado por nueve meses. Quince años han transcurrido después de su muerte. Yo descanso en la confianza que Mamá, Papá y Richard eran creyentes. Y Dios me ha dado paz. "Le pedimos que nos llene de fuerzas y nos bendiga con su paz" (Salmo 29:11).

En 1 Pedro 5:6, 7 hallamos otra cualidad del carácter humano para ayudarnos a controlar el estrés. Es parte de la disciplina que necesitamos para soltar la carga y permitir que Dios cambie la situación en una oportunidad para que le conozcamos mejor. El texto dice: "Por eso, sean humildes y acepten la autoridad de Dios, pues él es poderoso. Cuando llegue el momento oportuno, Dios los tratará como a gente importante. Así que pongan sus preocupaciones en las manos de Dios, pues él tiene cuidado de ustedes". La humildad libera nuestra mente y corazón para permitir que el Espíritu Santo haga su obra. La humildad es indispensable para la transformación, la sanidad y la restauración internas. El creyente será exaltado "cuando llegue el momento oportuno". El apóstol Pablo nos exhorta a descargar en Dios *todas* nuestras preocupaciones, no solamente algunas.

El enfoque bíblico para el control del estrés no inmuniza a los cristianos de los factores estresantes de la vida diaria. Sin embargo, proporciona una perspectiva cristocéntrica para responder a estos factores. Si su nivel de estrés es tan alto que usted se siente indefenso y fuera de control, lea el Salmo 23. Es una fuente de bienestar en tiempo de prueba:

Tú, Dios mío, eres mi pastor;
contigo nada me falta.
Me haces descansar en verdes pastos,
y para calmar mi sed
me llevas a tranquilas aguas.
Me das nuevas fuerzas
y me guías por el mejor camino,
porque así eres tú.
Puedo cruzar lugares peligrosos
y no tener miedo de nada,
porque tú eres mi pastor
y siempre estás a mi lado;
Me guías por el buen camino
y me llenas de confianza.
Aunque se enojen mis enemigos,
tú me ofreces un banquete
y me llenas de felicidad;
¡me das un trato especial!
Estoy completamente seguro
de que tu bondad y tu amor
me acompañarán mientras yo viva,
y de que para siempre
viviré donde tú vives.

El Salmo 139 habla de la presencia de Dios en todas partes y del completo conocimiento que él tiene de nosotros.

Especialmente en tiempos muy difíciles cuando podemos sentirnos abrumados por circunstancias de la vida, cuando nos sentimos abandonados y olvidados o insignificantes, este salmo le asegura al cristiano que Dios no solamente está siempre presente; también él sabe todo; él se preocupa por nosotros. El Salmo 139 es como un faro para los que navegan en aguas tormentosas, una brújula que tiene a Cristo en el centro. "Si yo quisiera que fuera ya de noche para esconderme en la oscuridad, ¡de nada serviría! ¡Para ti no hay diferencia entre la oscuridad y la luz! ¡Para ti, hasta la noche brilla como la luz del sol!" (vv. 11, 12). En este salmo también vemos la importancia de permitir que Dios obre en nuestra vida a fin de alinearnos con su voluntad. "Dios mío, mira en el fondo de mi corazón, y pon a prueba mis pensamientos. Dime si mi conducta no te agrada, y enséñame a vivir como quieres que yo viva" (vv. 23, 24).

Mediante una búsqueda de la Palabra de Dios, hemos identificado varias acciones para contrarrestar el impacto negativo del estrés en nuestra vida. Estas acciones son:

• **Tomar tiempo para estar a solas.** Eclesiastés 3 afirma que hay tiempo de escuchar (v. 7). La quietud calma la mente y el espíritu. Podemos estar solos sin sentir soledad. Planee un tiempo a solas cada día, aunque sea solamente unos minutos. En el silencio, concéntrese en Dios. Escuche lo que él tiene que decirle. Nuestro Dios dice: ¡"Estad quietos, y conoced que yo soy Dios"! (Salmo 46:10, RVR-1960).

• **Orar.** "Oren en todo momento" (1Tesalonicenses 5:17). Dios conoce nuestras necesidades antes que nosotros se las digamos. La oración nos hace más conscientes de la fidelidad de Dios. Pone nuestro espíritu en línea con su Espíritu. La oración es el ejercicio espiritual para el bienestar total. Nos capacita para conocer a Dios más y mejor, para tener compañerismo con él y amarle más. La oración es el cordón umbilical que nutre todo nuestro ser ahora y aun en la vida eterna. ¡Qué maravilloso es orar! ¡Qué privilegio tan grande!

Antes de que me llamen, yo les responderé (Isaías 65:24).

Deléitate asimismo en Jehová, y él te concederá las peticiones de tu corazón (Salmo 37:4, RVR-1960).

Así que, cuando tengamos alguna necesidad, acerquémonos con confianza al trono de Dios. Él nos ayudará, porque es bueno y nos ama (Hebreos 4:16).

• **Apartarse a un lugar tranquilo.** Esto le permite descomprimir y reorientar su pensamiento, y recargar su nivel de energía: mental, emocional, física y espiritualmente. Proteja su paz. Ore por que Dios nos dé fuerza y paz (vea Salmo 29:11).

• **Descansar.** "Después (Elías) se acostó debajo del arbusto y se quedó dormido" (1 Reyes 19:5a). Varios períodos breves de descanso cada día pueden hacerle bien. Las imágenes mentales de hermosura y paz pueden aliviar el estrés. Practique respirar profundo tres o cuatro veces, e imagine al estrés saliendo de su cuerpo.

• **Entregarle sus cargas a Cristo.** Piense en sus cargas como si fueran un regalo para Cristo. Envuélvalo en papel de regalo. Escoja su color preferido. Póngale cinta y moño. Imagine que usted pone ese regalo al pie de la cruz. Déjelo allí. "Cuando ustedes me busquen, me encontrarán, siempre y cuando me busquen de todo corazón. Estaré con ustedes..." (vea Jeremías 29:13, 14).

• **Aceptar llevar el yugo juntamente con Cristo.** "Cristo me da fuerzas para enfrentarme a toda clase de situaciones" (Filipenses 4:13). Arturo, mi hermano menor, es un gran hombre. Yo lo quiero y admiro mucho. Pasados los 30 años llegó a ser millonario y más tarde perdió toda su riqueza. En todo esto él ha mantenido una actitud positiva. Recientemente él me dijo: "Como cristiano, estoy convencido de que en cualquier problema que tenga cada día, Dios ya estuvo allí antes que yo". El Señor ha prosperado a su familia nuevamente. "Dios mismo será tu guía, y te ayudará en todo; él jamás te abandonará. ¡Echa fuera el miedo y la cobardía!" (Deuteronomio 31:8). "¡Pero benditos sean aquellos que sólo confían en mí! Son como árboles plantados a la orilla de un río: extienden sus raíces hacia la corriente... sus hojas siempre están verdes y todo el año dan fruto" (Jeremías 17:7, 8).

• **Humillarse delante de Dios.** "Para ti, la mejor ofrenda es la humildad. Tú, mi Dios, no desprecias a quien con sinceridad se humilla y se arrepiente" (Salmo 51:17). Ore específicamente por humildad. Desarrolle una actitud humilde. Practique la humildad. "No hagan nada por orgullo o sólo por pelear. Al contrario, hagan todo con humildad y vean a los demás como mejores a ustedes mismos" (Filipenses 2:3). "Dios... brinda su ayuda a los humildes" (Proverbios 3: 34b).

• **Reclame la promesa.** "Tú, Dios mío, eres mi pastor; contigo nada me falta" (Salmo 23:1). Aprenda a depender de Dios. Él le mostrará el camino. Él puede hablarle a través de una persona, una carta, una llamada telefónica, un libro, un canto. Algunas veces puede hablar en el modo o tiempo que menos esperamos.

Tú nos das calor y protección; nos das honor y gloria. Tu bondad no tiene medida (Salmo 84:11).

Porque a Dios no le gusta que no confiemos en él. Para ser amigos de Dios hay que creer que él existe, y que sabe premiar a los que buscan su amistad (Hebreos 11:6).

• **Crea que Dios se interesa por usted y su situación.** "Yo mismo le daré de comer y lo haré descansar. Juro que así lo haré" (Ezequiel 34:15). "¿Alguno de ustedes le daría a su hijo una piedra, si él le pidiera pan? ¿Le daría una serpiente, si le pidiera pescado? Si ustedes, que son malos, saben dar buenas cosas a sus hijos, con mayor razón Dios, su Padre que está en el cielo, dará buenas cosas a quienes se las pidan" (Mateo 7:9-11).

• **Esté dispuesto a cambiar.** "Ahora que estamos unidos a Cristo, somos una nueva creación. Dios ya no tiene en cuenta nuestra antigua manera de vivir, sino que nos ha hecho comenzar una vida nueva" (2 Corintios 5:17). "En realidad, también yo he muerto en la cruz, junto con Jesucristo. Y ya no soy yo el que vive, sino que es Jesucristo el que vive en mí. Y ahora vivo gracias a mi confianza en el Hijo de Dios, porque él me amó y quiso morir para salvarme" (Gálatas 2:20). El cambiar no es normal ni fácil para la mayoría de las personas. La resistencia al cambio es un arma que Satanás usa para negarnos la libertad en Cristo. Pero el cambio es posible por medio de Cristo. "...he decidido no fijarme en lo que ya he recorrido, sino que ahora me concentro en lo que me falta por recorrer. Así que sigo adelante, hacia la meta, para llevarme el premio que Dios nos llama a recibir por medio de Jesucristo" (Filipenses 3:13, 14).

> ***La resistencia al cambio es un arma que Satanás usa para negarnos la libertad en Cristo.***

• **Haga lugar para que el Espíritu Santo transforme su vida.** "Ustedes demostrarán que me aman si obedecen lo que les mando. Y yo le pediré a Dios el Padre que les envíe al Espíritu Santo, para que siempre los ayude y siempre esté con ustedes" (Juan 14:15, 16). "En el reino de Dios no importa lo que se come ni lo que se bebe. Más bien, lo que importa es hacer el bien, y vivir en paz y con alegría. Y todo esto puede hacerse por medio del Espíritu Santo" (Romanos 14:17). "Y que, por el poder del Espíritu Santo, los llene de esperanza" (Romanos 15:13).

• **Dele gracias a Dios por su fidelidad.** "Dios mío, tú has sido bueno conmigo; ya puedo dormir tranquilo" (Salmo 116:7). "Dios los eligió a ustedes para que compartan todo con su Hijo Jesucristo, nuestro Señor, y él siempre cumple su palabra" (1 Corintios 1:9). "Gracias a Dios, el reino que él nos da no puede ser movido. Por eso debemos adorar a Dios con el amor y la honra que a él le gusta recibir" (Hebreos 12:28). "Nuestra ofrenda a Dios es darle gracias siempre, por medio de Jesucristo, pues hemos dicho que él es nuestro Señor" (Hebreos 13:15).

Como cristianos, enfrentamos una guerra espiritual todos los días. Satanás trabaja sin descanso para atacar la autoestima y el sentido de realización del cristiano. Él procura destruir la mente y crear parálisis espiritual. Trata de convencer al creyente de que su pecado es más grande que el deseo de Dios para perdonarlo. Satanás quiere enredar al cristiano en una red de culpa, desprecio de sí mismo y desesperanza. El estrés sin control sirve para separarnos de la comunión con Dios y adormecer nuestro deseo de compañerismo con él. Nos hunde en un estado de desaliento y lástima de nosotros mismos. El estrés no controlado nos ciega; nos aparta de la luz y de la verdad. Es contrario a la voluntad de Dios.

¡Dios salvará a Israel de todos sus pecados! (Salmo 130:8).

En Dios he puesto mi esperanza; con toda el alma confío en él, pues confío en sus promesas (Salmo 130:5).

Pero tú no los abandonaste pues eres tierno y compasivo, y siempre estás dispuesto a perdonar (Nehemías 9:17b).

La salida espiritual para controlar el estrés no es un asunto de la mente. Comienza con un deseo espiritual de conocer a Dios. "Dios mío, enséñame a vivir como tú siempre has querido. Tú eres mi Dios y salvador, y en ti siempre confío" (Salmo 25:4, 5). Entonces, el control adecuado del estrés llega a ser una serie de conductas aprendidas, un estilo de vida.

"Yo, como maestro, te enseño a vivir sabiamente y a siempre hacer el bien" (Proverbios 4:11). "Te voy a instruir y te voy a enseñar cómo debes portarte. Voy a darte buenos consejos y a cuidar siempre de ti" (Salmo 32:8). Como cristianos no aceptamos ser derrotados por las fuerzas destructivas del estrés no controlado. Satanás pierde. Dios gana.

Clave 2:
Préstele atención a su cuerpo

La persona saludable es aquella que mantiene un balance en su vida mental, emocional, física y espiritual. Por lo tanto, es una persona que puede ser saludable aun en presencia de la enfermedad. Nuestro cuerpo nos habla a través de señales y síntomas. Estos pueden medir o indicar el nivel de estrés en nuestra vida. Hans Selye, conocido como el padre de la investigación acerca del estrés, definió tres tipos de reacciones al estrés, como un proceso de tres etapas[4]. Estas etapas se conocen como el síndrome de adaptación general.

Etapa uno: Alarma

En esta etapa el cuerpo reacciona con la respuesta *¡lucha o escápate!* Cuando nos enfrentamos a una amenaza en nuestro medio, tenemos que decidir entre pararnos firmes y luchar, o huir. La amenaza puede ser una llamada telefónica sorpresiva a las 3:00 de la mañana, una discusión, un raspón con lo que pudo haber sido un serio accidente automovilístico o cualquier cosa que cambie nuestro estado de balance y desate una reacción de adaptación. Las experiencias positivas también pueden producir estrés. Prepararse para una boda, recibir una promoción, o comprar una casa pueden causar estrés. Cualquiera que sea la causa, el estrés va a afectar al cuerpo de la misma manera.

---

[4]Jerolds S. Greenberg, *Comprehensive Stress Management*, segunda edición (Dubuque, Iowa: Wm. C. Brown Publishers, 1987), p. 5. Vea también: Hans Selye, *The Stress of Life*, edición revisada (New York: McGraw-Hill Book Co., 1984), p. 38.

En esta etapa de alarma, el cuerpo produce más adrenalina. La adrenalina baña todo el cuerpo, causando una serie de cambios. Algunos de los cambios físicos más comunes cuando la persona se siente amenazada son: aumento de los latidos del corazón, pulso acelerado, respiración rápida, dilatación de las pupilas y aumento de transpiración. Todos nuestros sentidos aumentan. Vemos mejor, oímos mejor y percibimos mejor los olores. Los músculos tienen más fuerza. La actividad gástrica disminuye. Disminuye el paso de la sangre hacia el abdomen y a la superficie del cuerpo. Todas éstas son reacciones de supervivencia. Nuestro cuerpo está diseñado para reaccionar a los factores de estrés en la vida diaria. Si la experiencia estresante es corta y pasa pronto, el cuerpo regresa al estado de equilibrio o de bajo estímulo. Sin embargo, si la situación estresante continúa por un período de tiempo, o aun meses y años, el cuerpo entra en la *etapa de resistencia.*

> ***Nuestro cuerpo está diseñado para reaccionar a los factores de estrés en la vida diaria.***

Etapa dos: Resistencia

En la etapa de resistencia el cuerpo lucha para recuperar el estado de balance pero tiene dificultad ante la presencia de estrés no resuelto. El cuerpo continúa produciendo adrenalina. Esto puede darnos un sentimiento falso de bienestar. En esta etapa, el estrés echa raíces que pueden finalmente llevar a la enfermedad, incapacidad y muerte. Lo que sucede es que el cuerpo se acostumbra al desequilibrio. Este se convierte en la norma. Cuanto más vivimos con el problema, tanto más se hace parte integral de nuestra vida. Así es el estrés. Nos adaptamos al malestar y al dolor. Algunas veces adoptamos la actitud de que nada podemos hacer acerca del problema y escogemos incorporar el estrés como parte normal de nuestra existencia. Cuando esto sucede, dejamos al estrés no resuelto en completa libertad para dañar nuestra salud: física, mental, emocional y espiritualmente. El estrés sin resolver tiene un efecto debilitante. No explota repentinamente. Se va acumulando con el tiempo para luego aparecer de repente y cobrar el precio de nuestro bienestar.

Nuestro cuerpo continúa hablándonos. Nos da dolor de cabeza. Tomamos medicina para el dolor. Nos da tensión muscular. Tomamos medicina para aliviar la tensión muscular. Si no podemos dormir, tomamos medicina para el insomnio. Si no podemos despertar, tomamos medicina para tener energía. Si desarrollamos diabetes, el doctor prescribe medicina para tratarla. Si desarrollamos alta presión, el doctor nos receta medicina para controlar la presión. Pero la raíz del problema permanece sin cambios. En el caso de períodos prolongados de estrés no resuelto, la enfermedad cardiovascular hace su entrada. El doctor Archibald D. Hart anota: "El corazón es el blanco principal para gran parte del ataque del estrés que experimentamos"[5].

Un mensaje común que nos da el cuerpo acerca del estrés sin resolver es un sarpullido en el cuerpo. La persona con este problema puede comenzar a tratarse con medicina de venta libre, pero el sarpullido persiste. Después consulta al médico y comienza tomando cortisona, pero el sarpullido persiste. Ni la medicina sin receta, ni la cortisona pueden llegar a la mente ni al espíritu, que es donde debe ocurrir la curación. Algunos han compartido la experiencia de un sarpullido implacable que apareció cuando pasaban por una situación difícil. El tratamiento médico fue en vano. Solamente cuando trataron la raíz del problema —el asunto que estaba causando el estrés— entonces el sarpullido desapareció.

El cuerpo también puede enviarnos mensajes por medio de un dolor de estómago. La primera reacción quizás sea ignorarlo. Continuamos con el trabajo de rutina. A veces culpamos a cierto alimento o condimento. Culpamos al ajo, a la salsa picante,

---

[5]Archibald D. Hart, *The Hidden Link Between Adrenalin and Stress* (Waco, Texas: Word Books, 1986), p. 32

a cualquier otra cosa. Por lo general continuamos tomando antiácidos. En vano. Los antiácidos no llegan a la raíz del problema. El malestar persiste. Cuando finalmente buscamos atención médica, el doctor diagnostica una úlcera sangrante y se hace necesaria una operación. Este es un ejemplo del alto costo del estrés no resuelto.

Otra excusa frecuente para no darle atención a los mensajes de la carga de estrés es que estamos muy ocupados. En nuestra mente, ésa es una buena razón. Estamos muy ocupados con el trabajo. Algunas veces sabemos por qué estamos ocupados. Otras veces estamos tan ocupados estando ocupados que ni siquiera sabemos en qué se supone que estamos ocupados. Pero, por lo general, apreciamos el trabajo por el beneficio que nos da. Por lo tanto, racionalizamos que es bueno tener demasiado trabajo. En verdad, en la etapa de resistencia, si no nos sentimos demasiado ocupados y sobrecargados, quizás pensamos que algo anda mal. Algo falta en nuestra vida. Nos hemos acostumbrado tanto al estrés que es como un vicio. Entretanto, no sólo estamos trabajando demasiado sino que también procuramos darle sentido a los rápidos cambios que nos suceden. Los sistemas de nuestro cuerpo están en un ritmo automático acelerado y se desgastan los paragolpes mentales, emocionales, físicos y espirituales. El trabajador compulsivo "Superman" o la "Mujer Maravilla" de los primeros años del siglo veintiuno llenan esta descripción.

La resistencia al estrés también puede manifestarse en acciones destructivas. El estrés prolongado puede crear alejamiento (físico, mental, emocional y espiritual) entre familia, amigos, condiscípulos y/o compañeros de trabajo. Puede dañar las comunicaciones y romper relaciones. Puede llevar al aislamiento social, a la introversión y baja autoestima. Estas condiciones son terreno fértil para la ira y el odio, los cuales son nocivos. El dolor mental y emocional puede ser tan inaguantable que produce cólera y deseos de matar, muchas veces causando la muerte a víctimas inocentes. En otras situaciones, el estrés sin resolver conduce a la destrucción propia, incluyendo el suicidio.

El estrés no resuelto cobra víctimas de todas las edades. No tiene barreras de género, cultura, posición social, religión, ni país de origen. Nadie es inmune a la devastación del estrés sin resolver.

El estrés no resuelto cobra víctimas de todas las edades. No tiene barreras...

¡Hay ayuda disponible! El interrogante crucial con la posibilidad de curación que casi nunca se pregunta es: *¿Qué está sucediendo en su vida y qué está haciendo usted para ayudarse?*. Darle atención a esta pregunta y su respuesta puede servir como trampolín hacia la restauración, la salida de la etapa de resistencia. ¡La ayuda es posible! Hay esperanza. *Primero*, debemos aceptar que tenemos un problema. *Segundo*, debemos desear conseguir ayuda. *Tercero*, debemos buscar ayuda. Entonces necesitamos formular un plan.

Etapa tres: Agotamiento

En esta etapa los sistemas del cuerpo se detienen debido al agotamiento crónico del estrés no resuelto. Si una persona sobrevive a un ataque del corazón en la etapa de resistencia pero no hace ningún cambio en su estilo de vida, puede que no sobreviva a un segundo ataque en la etapa de agotamiento. El mensaje final del cuerpo es: "Te he hablado muchas veces durante mucho tiempo. Te he dado varios avisos, pero no les has dado atención. No puedo continuar funcionando". Y la persona muere. El mensaje final es muerte.

¿Qué le dice su cuerpo?

Hemos mirado algunas dimensiones de las tres etapas del estrés: *etapa de alarma, etapa de resistencia* y *etapa de agotamiento.* Ahora tome tiempo para escuchar lo que su cuerpo tenga que decirle. Permita que su cuerpo le diga todo lo que quiere que usted oiga: mental, emocional, física y espiritualmente. Escriba los pensamientos tal como le vengan a la mente. No procure descifrar el significado de todo lo que está pensando o sintiendo. Siga la primera sensación del asunto. Lo siguiente puede servirle de guía para agrupar sus respuestas.

- Sea honesto consigo mismo. ¿Cuál es su *estado actual* en las siguientes áreas de su vida?

MENTALMENTE ______________________________

____

____

EMOCIONALMENTE __________________________

____

____

FÍSICAMENTE______________________________

____

____

ESPIRITUALMENTE__________________________

____

____

- ¿Qué aspectos de su salud total ha estado descuidando?______________________________________

____

____

- ¿Qué aspectos de su salud total ha estado tratando?

____

____

____

- ¿Cuáles fueron los resultados?__________________

____

____

- ¿Cuáles aspectos de su cuidado personal debe cambiar?____

____

____

- ¿Qué *cosas positivas* ya está usted haciendo por sí mismo? ______________________________________

____

____

Indicadores espirituales para escuchar a nuestro cuerpo

Orientación bíblica	***Acción***
• "El cuerpo de ustedes es como un templo, y en ese templo vive el Espíritu Santo que Dios les ha dado. Ustedes no son sus propios dueños. Cuando Dios los salvó, en realidad los compró, y el precio que pagó por ustedes fue muy alto. Por eso deben dedicar su cuerpo a honrar y agradar a Dios" (1 Corintios 6:19, 20).	• Tenemos la responsabilidad de cuidar bien nuestro cuerpo. Nuestro cuerpo no nos pertenece. El Espíritu Santo mora en nosotros, y nuestro cuerpo debe glorificar a Dios.
• "Cuando Dios nos dio la buena noticia puso, por así decirlo, un tesoro en una frágil vasija de barro. Así, cuando anunciamos la buena noticia, la gente sabe que el poder de ese mensaje viene de Dios y no de nosotros, que somos tan frágiles como el barro. Por eso, aunque pasamos por muchas dificultades, no nos desa-	• No actúe como si fuera invencible.

nimamos. Tenemos preocupaciones, pero no perdemos la calma. Aunque nuestro cuerpo se va desgastando, nuestro espíritu va cobrando más fuerza" (2 Corintios 4:7-9, 16).

• Permita que Dios haga la obra de renovación en usted.

• "Dios sanó las heridas de los que habían perdido toda esperanza" (Salmo 147:3).

• Dios sana. ¡Reclame su promesa!

El libro de los Salmos habla bastante acerca de la salud. Medite especialmente en los siguientes pasajes:

• *Mi Señor y Dios, te pedí ayuda, y me sanaste (Salmo 30:2).*

• *Ya casi no tengo fuerzas, pero a ti siempre te tendré; ¡mi única fuerza eres tú! (Salmo 73:26).*

• *¡Con todas las fuerzas de mi ser alabaré a mi Dios! ¡Con todas las fuerzas de mi ser lo alabaré y recordaré todas sus bondades! Mi Dios me perdonó todo el mal que he hecho; me devolvió la salud, me libró de la muerte (Salmo 103:1-4a).*

• *Tú me hiciste con tus propias manos; ¡hazme obedecer tus mandamientos! ...Hazme entender tus enseñanzas, para que yo no pase vergüenza (Salmo 119:73, 80).*

• *Dios mío, tú fuiste quien me formó en el vientre de mi madre. Tú fuiste quien formó cada parte de mi cuerpo. Soy una creación maravillosa, y por eso te doy gracias. Todo lo que haces es maravilloso, ¡de eso estoy bien seguro! Tú viste cuando mi cuerpo fue cobrando forma en las profundidades de la tierra; ¡aún no había vivido un sólo día, cuando tú ya habías decidido cuánto tiempo viviría! ¡Lo habías anotado en tu libro! (Salmo 139:13-16).*

• *Si alguien quiere ser sabio, que empiece por obedecer a Dios. Quienes lo hacen así, demuestran inteligencia (Salmo 111:10).*

• *¡Qué felices son los que de ti reciben fuerzas, y de todo corazón desean venir hasta tu templo! (Salmo 84:5).*

Estos pasajes reconocen la obra de Dios al formarnos a cada uno de nosotros como una creación única dándonos vida, fuerza y esperanza como seres vivientes. A Dios le importamos.

Mis planes para ustedes solamente yo los sé, y no son para su mal sino para su bien. Voy a darles un futuro lleno de bienestar. Cuando ustedes me pidan algo en oración, yo los escucharé. Cuando ustedes me busquen, me encontrarán, siempre y cuando me busquen de todo corazón" (Jeremías 29:11-13).

Hemos examinado dos claves espirituales para el manejo del estrés: *Hacer un inventario* de los factores que causan estrés en nuestra vida, y *prestarle atención al cuerpo.* Tome tiempo para repasar los factores que le están causando estrés actualmente y cómo su cuerpo está reaccionando a estos factores. La próxima sección considera la tercera clave espiritual: *Mantener un balance* en las diferentes áreas de nuestra vida.

Clave 3:
Mantenga un estilo de vida balanceado

Lo que no es un estilo de vida balanceado

Un estilo de vida balanceado no es dividir nuestra vida en pequeños segmentos bien organizados y de igual proporción que, a su vez, nos permitan experimentar estabilidad y bienestar general. El estilo de vida balanceado consiste en una interacción dinámica entre nuestra mente, emociones, cuerpo y espíritu. En tal estilo de vida mantenemos un continuo fluir entre todas las áreas de nuestra vida, sin crear abundancia en una a costa de un déficit en otra. Lo que es un estilo de vida balanceado para una persona, puede no serlo para otra persona. Cada individuo tiene un punto de equilibrio diferente. La meta es mantenernos firmemente plantados en la roca de nuestra relación con Jesucristo.

Factores que contribuyen a un estado de desequilibrio

Algunos derivados de las crecientes demandas que los individuos experimentan hoy incluyen: horarios recargados, falta de tiempo, fatiga crónica, crisis repetidas y, finalmente, pérdida de control. En algunos casos, estas condiciones se convierten en la norma, en un estilo de vida. Si pasan desapercibidos, estos factores hacen blanco en el individuo y lo convierten en víctima de estrés, consecuencia de los constantes bombardeos de presiones de la vida diaria. Para algunos, este estilo de vida es más un asunto de existir que de vivir. Ellos dominan el arte de disimular, algunas veces están tan dormidos a la realidad que no saben la diferencia entre *estar* vivos y *actuar como si estuvieran* vivos.

Veamos el otro extremo: la falta de estímulo o de participación en la vida. Esto puede verse a menudo en algunos ancianos desconectados de relaciones significativas; particularmente en aquellos que han sido abandonados por sus familiares y amigos. Este también es un estado de desequilibrio. Hay una falta de balance en el diario vivir. Si se dejan abandonados y sin atención, la falta de participar en relaciones significativas, a cualquier escala, predispone a las personas a caer víctimas de la invasión destructiva del estrés.

Características de un estilo de vida balanceado

El estilo de vida balanceado es un *proceso dinámico.* Es

decir, está en constante movimiento. No es una condición estática. Como es dinámico, también *cambia*. Fluye con las necesidades de adaptación y supervivencia individual. Un estilo de vida balanceado se adapta para mantener y preservar la vida.

Un estilo de vida balanceado es *integral*. Afecta a la persona total: mente, emociones, cuerpo y espíritu. Lo que sucede en un área de nuestra vida afecta a todas las demás áreas. Hay un intercambio progresivo y activo entre los varios componentes de nuestro ser.

Un estilo de vida balanceado es *armonioso*. La distribución de energía entre los varios aspectos de la vida está bajo control. En verdad uno experimenta paz con Dios. "Cristo nos ha dado la paz" (Efesios 2:14a). "Ahora vivimos en paz con Dios" (Romanos 5:1). Hay paz para con uno mismo, y para con otros. "Así Dios les dará su paz, esa paz que la gente de este mundo no alcanza a comprender, pero que protege el corazón y el entendimiento de los que ya son de Cristo" (Filipenses 4:7). Eso no significa que la vida está libre de problemas. Sin embargo, cuando hay armonía en la vida de una persona el Espíritu Santo realiza su trabajo. El Espíritu Santo nos hace pacíficos. "El Espíritu de Dios nos hace... vivir en paz con todos" (Gálatas 5:22). La persona está capacitada para adaptarse, buscar soluciones positivas y conquistar. "Yo le dedico este himno, porque él (Dios) me da fuerza y me salva" (Éxodo 15:2a). "Tú eres mi fuerza; me proteges como un escudo. En ti confío de corazón, pues de ti recibo ayuda. El corazón se me llena de alegría; por eso te alabo en mis cantos" (Salmo 28:7). "Dios salva a los buenos. Cuando llegan los días malos, Dios es su único refugio" (Salmo 37:39). "Nuestro Dios es como un castillo que nos brinda protección. Dios siempre nos ayuda cuando estamos en problemas" (Salmo 46:1).

Lo más importante es que un estilo de vida balanceado es *cristocéntrico*. Es muy importante reconocer que el balance en la vida no es resultado de nuestra propia fuerza. Un estilo de vida balanceado no depende de la identificación cultural de la persona,

El balance en la vida fluye cuando permitimos que el Espíritu Santo more en nosotros.

ni de su posición social, ocupación, educación, religión, o cualquier otro criterio humano. El balance en la vida fluye cuando permitimos que el Espíritu Santo more en nosotros, cuando Cristo es el centro de nuestra vida, y cuando nos sometemos a la voluntad de Dios. Sólo entonces podemos estar firmes en la roca de nuestra salvación: Jesucristo.

"¿Quién podrá separarnos del amor de Jesucristo? Nada ni nadie. Ni los problemas, ni los sufrimientos, ni las dificultades. Tampoco podrán hacerlo el hambre ni el frío, ni los peligros, ni la muerte... En medio de todos nuestros problemas, estamos seguros de que Jesucristo, quien nos amó, nos dará la victoria total. Yo estoy seguro de que nada podrá separarnos del amor de Dios: ni la vida, ni la muerte, ni los ángeles, ni los espíritus, ni lo presente, ni lo futuro, ni los poderes del cielo, ni los del infierno, ni nada de lo creado por Dios. ¡Nada, absolutamente nada, podrá separarnos del amor que Dios nos ha mostrado por medio de nuestro Señor Jesucristo! (Romanos 8:35, 37-39).

¿Entonces cómo logramos y mantenemos un balance en nuestra vida, de tal manera que no estemos ni sobrecargados ni inactivos? Consideremos varios pasos de acción que nos ayudarán.

Pasos hacia un estado de vida balanceado

Usted y yo tenemos la responsabilidad primera y principal de estar en contacto con nosotros mismos. No podemos depender de alguien más, por mucho que le amemos, para que esa persona establezca el balance en nuestra vida. Este concepto es similar al de la salvación personal. Nadie puede tomar nuestro lugar. Es un asunto individual. Una vez que aceptamos la responsabilidad personal para el balance en nuestra vida, entonces debemos hacer un inventario de nuestra condición mental, emocional, física y espiritual. ¿Hay un sentido de armonía, una fuerza unificadora en nuestra vida? ¿Hay un "tirón" interruptor que viene de alguna parte de nuestro ser? En caso de que lo hubiere, ¿de dónde viene, y por qué? De igual modo, si hay un sentido de paz y bienestar en nuestra vida, ¿qué es lo que está contribuyendo a esa condición?

Es útil tomar nota de ambas condiciones: el tirón y la paz. Hacernos estas preguntas permite establecer una base, un punto de referencia para la situación personal. Haga lugar para las reacciones de adaptación a las demandas y al cambio. En otras palabras, no piense que hay algo terriblemente mal en su vida si usted no se siente cien por ciento bien todo el tiempo. Recuerde que la vida es dinámica y está cambiando constantemente.

Una vez que conocemos nuestra condición personal, debemos evaluar las experiencias de nuestra vida dentro del contexto de la familia. ¿Qué es la familia para nosotros? ¿Quiénes son nuestra familia? Además de la persona individual, la familia es otra creación única de Dios. Ella es un eslabón en el balance de la vida de una persona. La familia es una cuna de nutrición y cultivo. Una familia que ama y se interesa sirve como una red de apoyo en tiempos de aflicción, así como también está presente en tiempos de alegría y celebración. Pero no todo va bien con la familia de hoy.

Los cambios socioculturales han conducido a la familia hacia la autodestrucción. Las señales de estrés están por todas partes. No sólo falta el sistema de apoyo tradicional, sino que también las transiciones entre generaciones están impactando la calidad de vida familiar. En algunos hogares puede verse hasta cuatro generaciones viviendo juntas. Esto es más común en los hogares de algunos grupos étnicos tales como los hispanoamericanos, los indios americanos o los asiáticoamericanos. El idioma, los valores y los sistemas religiosos difieren de los de los nietos.

En algunos casos los abuelos no hablan al mismo idioma que los nietos. Esto crea tensión en la familia.

En otras circunstancias, los niños se convierten en los que "rompen" la cultura de la familia porque ellos entienden cierto idioma, pero los padres no. Estas situaciones también causan tensión; porque en algunas culturas los niños llegan a ser sólo para ser vistos pero no oídos. Tradicionalmente, los niños no tienen el poder de mando en el sistema familiar. Sin embargo, con las nuevas familias de inmigrantes, los niños aprenden el nuevo idioma más rápidamente que sus padres y, por consiguiente, sirven de intérpretes en casos en que la toma de decisiones tradicionalmente está reservada para los padres. Esto es una fuente creciente de desequilibrio social y familiar.

Estas transiciones sociales y cambios culturalcs en las familias minoritarias también se caracterizan por choques entre la familia tradicional y la familia moderna en lo referente a valores, normas culturales y conducta familiar. Los adultos mayores se quejan por la falta de respeto hacia las personas mayores y porque se les resta autoridad. A medida que la familia se une a la corriente moderna, se pierde más y más el estilo de vida tradicional.

En la transición sociocultural de familias minoritarias, algunos padres se colocan en el medio de las generaciones, procurando establecer un puente y salvar las diferencias. Ambos padres trabajan fuera del hogar. Los padres ancianos que viven con ellos necesitan atención. Hay que hacer y cumplir con las citas médicas para las personas ancianas; hay que comprar medicinas para ellos y hacer que las tomen, además de otras necesidades. Dependiendo de la fragilidad de la(s) persona(s) mayor(es), las necesidades incluyen muchas responsabilidades para la pareja que trabaja.

Además están sus propios hijos. En nuestra cultura hispana, es común que los hijos vivan en el hogar hasta los 20, 30 o más años de edad. Nadie va a pensar mal acerca de esto, excepto aquellas personas de otros grupos culturales que creen que algo anda mal con el hijo adulto que todavía vive en el hogar con sus padres. En el contexto sociocultural de familias minoritarias, en ocasiones los hijos casados y con hijos también viven con los padres (un interesante contraste con la familia estadounidense de antecedente europeo que espera que los hijos dejen el nido paterno a la edad de 18 años).

En la familia norteamericana se experimenta una desesperación que aumenta progresivamente. St. Clair[6] informa que cada 24 horas, los niños y jóvenes en los Estados Unidos de América experimentan lo siguiente:

2.989 niños presencian el divorcio de sus padres.
2.556 nacen fuera del matrimonio.
1.629 están en cárceles para adultos.
3.288 niños se escapan del hogar.
1.849 experimentan abuso y abandono.
1.512 adolescentes dejan la escuela.
437 son arrestados por beber o manejar borrachos.
211 niños son arrestados por abuso de drogas.
2.795 adolescentes (mujeres menores de 20 años) quedan embarazadas.
7.742 adolescentes llegan a ser sexualmente activas.
1.106 adolescentes se hacen practicar un aborto.
1.295 adolescentes dan a luz.
372 adolescentes abortan involuntariamente.
623 adolescentes contraen sífilis o gonorrea.
6 adolescentes se suicidan.

Según estadísticas sobre el estilo de vida norteamericano, los padres se comunican con los hijos un promedio de 40 a 55 minutos por semana. Si nos comunicáramos de esa misma manera con nuestro supervisor o con otros compañeros de traba-

---

[6]*Children's Defense Fund*, ene. 8, 1990, citado por St. Clair, p. 17.

jo, ¿cuántos de nosotros todavía tendríamos nuestro trabajo? Me atrevo a decir que muy pocos, o ninguno. Pero hacemos eso en el hogar. Y también estamos cosechando las consecuencias. Vemos esto en el crecimiento de casos de abuso de drogas y del alcohol, pandillas, crimen, violencia y suicido. Nuestros niños y jóvenes están pidiendo ayuda a gritos. A su vez, los padres también están gritando por ayuda. Debemos contrarrestar las fuerzas destructivas de abuso infantil, violencia doméstica, y homicidio. La familia norteamericana está en una montaña rusa de desequilibrio y desintegración. Esta marcha debe revertirse.

Hay esperanza para la familia

Yo creo que hay esperanza para la familia de nuestro tiempo. Debemos comenzar a recuperar la santidad de la familia. Dios quiere familias saludables. Dios quiere familias equilibradas. A él le interesan nuestras familias. Hemos visto algunos aspectos patológicos de la familia de nuestro tiempo.

Para seguir adelante hacia un redescubrimiento del plan de Dios para la familia, identifiquemos algunas señales de la familia saludable. Por definición, una *familia saludable* es una familia *Cristocéntrica*; una familia que tiene a Cristo como centro.

En el cuidado de la salud, el experto en diagnóstico debe saber cuáles son los componentes de la salud para poder identificar cualquier desviación de la misma, como en el caso de una enfermedad. Sólo entonces el agente de la salud puede desarrollar acciones designadas a restaurar el bienestar de la persona. De igual modo sucede con la familia. El próximo capítulo revela algunas características que son indicadores clave de una familia sana.

5

Señales vitales de una familia saludable

La familia saludable...

• **ama a Dios.**

Mas buscad primeramente el reino de Dios y su justicia, y todas estas cosas os serán añadidas (Mateo 6:33, RVR-1960).

Ama a tu Dios con todo lo que piensas, con todo lo que eres y con todo lo que vales (Deuteronomio 6:5).

Mi familia y yo hemos decidido dedicar nuestra vida a nuestro Dios (Josué 24:15b).

• **está unida por un amor genuino entre sus miembros.**

Les doy un mandamiento nuevo: Ámense unos a otros. Ustedes deben amarse de la misma manera que yo los amo (Juan 13:34).

• **mantiene el respeto mutuo.**

Pónganse de acuerdo unos con otros y vivan tranquilos (2 Corintios 13:11b).

- **busca el bienestar de cada uno.**

Tenemos que pensar en el bien de los demás, y no sólo en nosotros mismos (1 Corintios 10:24).

- **mantiene abiertos los canales de comunicación.**

Al que convence con su sinceridad, el rey le brinda su amistad (Proverbios 22:11).

- **busca la paz y fortalece la fe.**

Por lo tanto, vivamos en paz unos con otros, y ayudémonos a crecer más en la nueva vida que Cristo nos ha dado (Romanos 14:19).

- **se sacrifica por el bienestar del grupo.**

Acuérdense de esto: "El que da poco, recibe poco; el que da mucho, recibe mucho" (2 Corintios 9:6).

- **comparte en los buenos tiempos como en los malos tiempos.**

El cuerpo no está formado por una sola parte, sino por muchas... Cuando una parte del cuerpo sufre, también sufren todas las demás. Cuando se le da importancia a una parte del cuerpo, las partes restantes se ponen contentas (1 Corintios 12:14, 26).

- **provee un sistema de apoyo para sus miembros.**

Nosotros, los que sí sabemos lo que Dios quiere, no debemos pensar sólo en lo que es bueno para nosotros mismos. Más bien, debemos ayudar a los que todavía no tienen esa seguridad. Todos debemos apoyar a los demás, y buscar su bien. Así los ayudaremos a confiar más en Dios (Romanos 15:1, 2).

- **da sin esperar nada a cambio.**

Si un soldado los obliga a llevar una carga por un kilómetro, cárguenla por dos (Mateo 5:41).

• **respeta la privacidad de sus miembros.**

...busquen siempre hacerle el bien a todos. Hagan todo lo posible por vivir en paz con todo el mundo (Romanos 12:17b, 18).

• **está dispuesta a cambiar.**

Y ahora viven de manera diferente. En realidad, ustedes son personas nuevas, que cada vez se parecen más a Dios su creador, y cada vez lo conocen mejor (Colosenses 3:10).

• **está dispuesta a pedir perdón y a perdonar.**

Pero tú no los abandonaste pues eres tierno y compasivo, y siempre estás dispuesto a perdonar (Nehemías 9:17).

Trabaje para tener una familia saludable

Si Dios no construye la casa, de nada sirve que se esfuercen los constructores (Salmo 127:1).

Las familias saludables no surgen por casualidad. Son creadas. Son el resultado de esfuerzo intencional. La responsabilidad principal para desarrollar una atmósfera de amor, aceptación y preparación para el resto de la vida descansa en los padres. Los niños no vienen con un manual de instrucciones. Los padres aprenden a ser padres por prueba y error. El enfoque más eficaz para hacer frente a las demandas diarias y mantener un sentido de normalidad es pensar en las necesidades de la familia en términos de *desafíos* y no como *problemas*.

Los niños no vienen con un manual de instrucciones. Los padres aprenden a ser padres por prueba y error.

Consejos para el diario vivir

- **Conozca sus puntos fuertes y sus puntos débiles**

El camino al éxito en la paternidad debe comenzar con el padre como un individuo. Acéptese a sí mismo. Si tiene un problema, reconózcalo y tome pasos positivos para resolverlo. No pierda tiempo pensando que si espera lo suficiente el problema desaparecerá. Pida ayuda, si es necesario.

Reconozca lo que usted sabe hacer bien. Esto no se limita a lo que usted hace bien con las manos. También se refiere a cómo anda respecto al control de sus actitudes, a sus habilidades interpersonales, a su comunicación, a ser amoroso y compasivo. Haga un inventario.

¡Aprenda a felicitarse! Nadie es perfecto, pero con la ayuda de Dios, usted puede ser un mejor padre.

- **Esté dispuesto a cambiar sus actitudes y su conducta paternal para mejorar la calidad de la vida familiar.**

No pase la vida defendiendo sus acciones como padre. En cambio, construya puentes de comprensión y esté dispuesto a hacer ajustes que contribuyan al bienestar de la familia. Si se equivoca, aprenda del error y siga adelante.

- **Esfuércese para mantener abiertas las líneas de comunicación entre todos los miembros de la familia.**

Establezca sesiones de *charlas familiares*. Aparte un tiempo para dialogar sobre los problemas y solucionarlos.
No tenga prisa al tratar de comunicarse.
No procure regañar a alguien en el momento cuando usted va a saliendo por la puerta hacia la calle.
Fije un *tiempo especial* para estar con su esposa.

Fije un t*iempo especial* para estar con sus hijos; menores y mayores.
Observe el lenguaje corporal. No esté mirando el reloj mientras está hablando o escuchando.
Hable con los niños ojo a ojo. Agáchese o sitúese de tal manera que los ojos de ellos y los de usted estén al mismo nivel.
Sea ejemplo de una conducta positiva.

• **Pase tiempo junto con ellos.**

Preparen comidas juntos.
Coman juntos.
Adoren juntos.
Jueguen juntos.
Visiten a familiares y amigos juntos.

• **Solucionen los problemas juntos como una familia.**

Al fijar sesiones de *charlas familiares* establezcan las reglas. Por ejemplo:

Cada uno tiene la oportunidad de hablar.
Evite interrupciones.
Absténgase de hacer comentarios negativos.
Evite juzgar.
Discutan el problema.
Identifiquen posibles soluciones.
Asignen responsabilidades individuales para llevar a cabo el plan.
No esperen que solucionarán todos los problemas cada vez que se reúnan.
Continúen reuniéndose hasta que usted esté satisfecho con los resultados.
Sean afirmativos. Afírmense unos a otros.

- **Oren juntos como familia.**

La oración tiene un efecto unificador.
La oración tiene un efecto sanador.
La oración fortalece a los individuos.
La oración fortalece a la familia.

- **Compartan amor y afecto unos con otros.**

Exprese su amor con palabras.
Que cada uno sepa que están para ayudarse y apoyarse unos a otros.
Use expresiones que muestren consideración, como *por favor* y *gracias.*

- **Padres, demuestren *amor incondicional* a sus hijos.**

El amor incondicional dice:
Te quiero como mi hijo.
Te quiero como mi hija.
Te aprecio:
Por tratar de hacer lo mejor.
Por aprender a jugar en equipo.
Porque tú eres único y especial.

- **Vea la paternidad como un "llamado" y procure ser un modelo del amor de Cristo.**

Los hijos que tenemos son un regalo de Dios (Salmo 127:3).

Vivan como es digno de la vocación que han recibido (vea Efesios 4:1).
Sean humildes, corteses, pacientes.
Sobrellévense unos a otros en amor.

Sean pacificadores (vea Efesios 5:9). Esto mantiene la unidad del Espíritu Santo.
Hablen la verdad clara y confiadamente basándose en la Palabra de Dios.
Controlen la ira.

Si se enojan, no permitan que eso los haga pecar. El enojo no debe durarles todo el día, ni deben darle al diablo oportunidad de tentarlos (Efesios 4:26, 27).

Hablen palabras edificantes. Hablen palabras que beneficien a los que les escuchen.

No digan malas palabras. Al contrario, digan siempre cosas buenas, que ayuden a los demás a crecer espiritualmente, pues eso es muy necesario.

Dejen de estar tristes y enojados. No griten ni insulten a los demás. Dejen de hacer el mal. Por el contrario, sean buenos y compasivos los unos con los otros, y perdónense, así como Dios los perdonó a ustedes por medio de Cristo.

Ustedes son hijos de Dios, y él los ama. Por eso deben tratar de ser como él es. Deben amar a los demás, así como Cristo nos amó y murió por nosotros. Su muerte es para Dios como el delicado aroma de una ofrenda (Efesios 4:29, 31—5:2).

Mantengan a Cristo como el centro de la vida familiar.

Mi familia y yo hemos decidido dedicar nuestra vida a nuestro Dios (Josué 24:15b).

Tengan cuidado de cómo se comportan. Vivan como gente que piensa lo que hace, y no como tontos. Aprovechen cada oportunidad que tengan de hacer el bien, porque estamos viviendo tiempos muy malos (Efesios 5:15, 16).

¡Trátese con cuidado!

Los niños de hoy son los padres del mañana. Dorothy

Law Nolte lo expresa mejor con los siguientes versos:

> Si el niño vive bajo la crítica, aprenderá a condenar.
> Si el niño vive con hostilidad, aprenderá a pelear.
> Si el niño vive ridiculizado, aprenderá a ser tímido.
> Si el niño vive avergonzado, aprenderá a sentirse culpable.
> Si el niño vive con afecto aprenderá a amar.
> Si el niño vive en bajo tolerancia, aprenderá a ser paciente.
> Si el niño vive con estímulo, aprenderá a tener confianza.
> Si el niño vive en con reconocimiento, aprenderá a apreciar.
> Si el niño vive con rectitud, aprenderá a ser justo.
> Si el niño vive con seguridad, aprenderá a tener fe.
> Si el niño vive con aprobación aprenderá la autoestima.
> Si el niño vive en compañerismo y aceptación, aprenderá a encontrar amor en el mundo[1].

Aun hoy, cuando vivimos tiempos acelerados y difíciles, Dios continúa en la empresa de dar esperanza y sanar el corazón. Regocijémonos en el conocimiento de que Dios quiere familias saludables. Las familias saludables forman iglesias saludables, y las iglesias saludables pueden hacer una diferencia positiva para Cristo en nuestras comunidades.

La familia es creación de Dios. La familia es nuestra primera base misionera. Dios creó a la familia como la primera unidad social. Él no empezó haciendo iglesias ni corporaciones. Él empezó con la familia. La familia proporciona el fundamento sobre el cual uno continúa desarrollándose según el plan de Dios. La familia es la cuna de formación para toda la vida. ¡Trátese con cuidado!

---

[1] Dorothy Law Nolte, citado por Teresa A. Langston, *Parenting Without Pressure* (Colorado Springs, Colorado: Piñon Press, NavPress Publishing Group, 1994), p. 120. Usado con permiso de NavPress.

Una madre soltera en una clase de capacitación para padres escribió el anuncio siguiente:

SE BUSCA

Se busca a personas llenas de motivación para ocupar un puesto de tiempo completo.

Deben estar dispuestas a trabajar 7 días a la semana —incluyendo toda la mañana, tarde, noche y fines de semana— con nada o casi nada de sueldo. No se paga por vacaciones, enfermedad, ni días feriados.

Esta posición requiere que la persona esté dispuesta a aprender trabajando, sea extremadamente paciente, aprenda de los errores, sea hábil para negociar y aceptar compromisos, y sea justa en la disciplina. Debe tener habilidades en las áreas de compras, cocina, consejería, alimentación, enseñanza, lactancia (preparar y dar el biberón), cambio de pañales, arreglo personal, enseñar a usar el sanitario, limpieza de la casa, manejo de automóvil, música, atletismo, contar historias, entrenamiento en respiración artificial, y planeamiento de fiestas de cumpleaños. Con un buen sentido de humor. Debe estar dispuesta a obtener un certificado médico o dental en pediatría. Debe ser muy tolerante para escuchar la repetición continua de las canciones de los dibujos animados por la televisión. Debe ser una persona ejemplar.

La recompensa incluye una larga vida de oportunidades para dar y recibir. El hogar con dos padres (esposo y esposa), estable y lleno de amor es definitivamente una ventaja máxima.

NOTA: *¡Este es el trabajo más importante de toda su vida!*

—Nina R. Treviño, julio de 1998

Pacto de amor

Al hablar sobre la familia a varios grupos cristianos, he usado el siguiente voto de "Pacto de amor" para fortalecer las relaciones familiares, comenzando con el padre y la madre. Pido que las parejas participen voluntariamente. Se miran a la cara y repiten las palabras, el esposo primero y después la esposa. Si hay niños, ellos se unen a los padres, y se abrazan y besan cuando terminan de pronunciar las palabras. El voto dice así:

PACTO DE AMOR

Delante de Dios y de esta santa asamblea
Te pido que me perdones
Si te he ofendido
De algún modo
Consciente o inconscientemente.

Hoy renuevo mi compromiso
De amarte,
De cuidar de ti y de nuestra familia,
De respetarte y honrarte
Por el resto de mi vida.

Con la ayuda de Dios,
Me comprometo a
Amar más a Dios
Amarte más a ti,
Y amar más a nuestra familia.
Que Dios me ayude.
Amén.

Dra. Margarita C. Treviño
1998

Aunque pueda parecer muy sencillo repetir este voto, este ejercicio ha sido revelador. En algunas situaciones el esposo ha tenido dificultad en expresar las palabras porque le era difícil pedir perdón. También ha sucedido lo mismo con las esposas. Los adultos hemos llegado a creer que eso de pedir perdón es sólo para los niños desobedientes. Muy pocas veces pensamos que nosotros mismos debemos pedir perdón. Sin embargo, el pedir perdón puede tener un efecto sanador. Restaura desde adentro. Sella heridas abiertas.

Después de repetir este voto delante de la congregación, las parejas se abrazan y se besan. Algunas lloran. Los niños abrazan a sus padres. Los padres abrazan a sus hijos. Puede que nunca sepamos todo lo que sucede en estos momentos especiales entre los miembros de la familia; pero una cosa es clara: hay un sentido de alivio y de gozo.

> ***Las familias saludables forman iglesias saludables. Las iglesias saludables pueden ganar a los perdidos para Cristo.***

Realice esta ceremonia en casa, con su propia familia. Repítanse el voto mutuamente. Algunos pastores que han participado en este ejercicio lo han usado en sus iglesias durante un culto de adoración. Pueden realizar la ceremonia anualmente; un voto anual. Pueden hacerlo con varias familias a la vez. Las familias saludables forman iglesias saludables. Las iglesias saludables pueden ganar a los perdidos para Cristo.

6 Establezca un estilo de vida balanceado

La mejor manera de determinar el estado de su estilo de vida es haciendo un inventario. Conteste honestamente las preguntas y préstele atención a cómo resulta su situación personal.

- ¿Está su vida bien balanceada actualmente? ¿Siente que usted está en control de su vida?
- ¿Hay alguien o algo que demanda demasiado de usted?
- ¿Cuánto tiempo y energía aparta específicamente para cuidar de sus necesidades personales?
- ¿Cuánto tiempo y energía usa usted para cuidar de las necesidades de otros?
- ¿Cree que usted tiene un balance de vida saludable?
- ¿Siente usted la necesidad de hacer algunos cambios? En caso afirmativo, ¿en qué aspecto?

Indicadores espirituales para evaluar el balance en su estilo de vida

Orientación bíblica	*Acción*
• "En Dios solamente está acallada mi alma; de él viene mi salvación" (Salmo 62:1, RVR-1960).	• Guarde silencio. • Espere en el Señor. • Ponga su esperanza en Dios.
• "Tú eres mi Dios. ¡Enséñame a hacer lo que quieres que yo haga! ¡Permite que tu buen espíritu me lleve a hacer el bien!" (Salmo 143:10).	• Pídale a Dios que dirija su vida de acuerdo a su voluntad.
• "De nada sirve que una persona gane en este mundo todo lo que quiera, si al fin de cuentas pierde su vida. Y nadie puede dar nada para salvarla" (Mateo 16:26).	• Atienda sus propias necesidades primero. Después usted estará mejor preparado para atender las necesidades de otros.
• "No hagan nada por orgullo o sólo por pelear. Al contrario, hagan todo con humildad y vean a los demás como mejores a ustedes mismos. Nadie busque el bien sólo para sí mismo, sino para todos. Tengan la misma manera de pensar que tuvo Jesucristo" (Filipenses 2:3-5).	• No sea egoísta. Interésese en otros.

• "Dios los ama mucho a ustedes, y los ha elegido para que formen parte de su pueblo. Por eso, vivan como se espera de ustedes: amen a los demás, sean buenos, humildes, amables y pacientes. Sean tolerantes los unos con los otros, y si alguien tiene alguna queja contra otro, perdónense, así como el Señor los ha perdonado a ustedes" (Colosenses 3:12, 13).

• Sea compasivo y bondadoso. Sea humilde. Sea cortés y tenga paciencia con otros. Perdone como el Señor le perdonó a usted.

Colosenses 3:14-17 recalca la importancia del amor como "el mejor lazo de unión". La Biblia nos exhorta a permitir que la Palabra de Dios more en nosotros para que "cuando se enseñen unos a otros, o se corrijan, háganlo de manera inteligente. Canten salmos, himnos y cantos espirituales, dando gracias a Dios de todo corazón. Y todo lo que hagan o digan, háganlo como verdaderos seguidores del Señor Jesucristo, y denle gracias a Dios el Padre por lo que Cristo ha hecho por ustedes".

> ***Satanás quiere desanimarlo y hacerle creer que usted es un fracasado y sin esperanza.***

Recuerde que lo que usted hace por amor hacia usted mismo y hacia otros no es en vano, a pesar de lo difíciles y estresantes que puedan ser las situaciones o circunstancias de su vida. Satanás quiere desanimarlo y hacerle creer que usted es un fracasado y sin esperanza. Rechace al enemigo y reclame las promesas de Dios. "Dios es justo, y nunca olvidará lo que ustedes han hecho o siguen haciendo para ayudar a su pueblo elegido. De esa manera, ustedes también demuestran que aman a Dios. Deseamos que sigan con ese mismo entusiasmo hasta el fin, para que reciban todo lo bueno que con tanta paciencia esperan recibir. No queremos que sean perezosos. Más bien, sin dudar ni un instante sigan el ejemplo de los que confían en Dios, porque así recibirán lo que Dios les ha prometido" (Hebreos 6:10-12).

Recomendaciones prácticas

Examine las siguientes recomendaciones[1] y escoja las que pueden serle útiles. Reconozca que el cambio ocurre gradualmente. Dedíquese a unas pocas actividades a la vez.

• **Aumente su actividad física.** Cuando esté nervioso, enojado o molesto, libere la presión por medio del ejercicio o la actividad física. Procure correr, caminar, jugar tenis, nadar, o trabajar en el jardín. El ejercicio físico aliviará el sentimiento de tensión y le relajará. Recuerde que la mente, el cuerpo *y el espíritu* trabajan juntos.

• **Hable con alguien.** Puede ser de ayuda hablar con alguien acerca de sus preocupaciones. Un amigo, miembro de la familia, maestro, o consejero puede ayudarle a ver su problema bajo una perpectiva diferente. Si usted piensa que su problema es serio puede buscar la ayuda profesional de un psicólogo, psiquiatra, trabajador social, o consejero de salud mental. El saber cuándo buscar ayuda le evitará problemas más serios después.

• **Reconozca sus límites.** Si un problema está más allá de su control y no puede cambiarlo al momento, no pelee con la situación. Aprenda a aceptarla —por ahora— hasta el tiempo cuando pueda cambiarla. Concéntrese en cambiar las situaciones que están dentro de su poder para cambiarlas, y en aceptar aquellas situaciones (o personas) que no puede cambiar.

---

[1]Tomadas de un folleto titulado "Plain Talk About Handling Stress" (Charla franca acerca de cómo tratar el estrés), preparado por el Instituto Nacional de Salud Mental de los Estados Unidos de América.
El énfasis sobre la dimensión espiritual (en itálicas) fue agregado por la autora.

• **Cuide de su mente, su cuerpo y *su espíritu.*** Descanse lo suficiente y coma bien. Si usted está irritable y tenso por falta de sueño o porque no come bien, tendrá menos habilidad para tratar con las situaciones de estrés. Si la tensión constante le impide dormir, hable con su médico o con un consejero acerca del problema.

• **Dedique más tiempo para divertirse y reírse.** Organice su horario para el trabajo y también para la recreación. El juego puede ser tan importante para su bienestar como el trabajo; usted necesita un descanso de su rutina diaria simplemente para relajarse y divertirse.

• **Participe más.** Una manera de evitar sentirse aburrido, triste y solo es ir a donde está la actividad. Sentarse solo puede hacer que se sienta frustrado. En vez de sentir lástima de sí mismo, involúcrese y participe. Ofrezca sus servicios a la comunidad o a organizaciones de voluntarios. Ayúdese a sí mismo ayudando a otras personas. Participe con el mundo y con la gente que le rodea.

• **Clasifique sus tareas y su tiempo en orden de prioridades.** El ocuparse de varias cosas a la vez puede parecer agotador y, como resultado, puede que no logre nada. En cambio, haga una lista de las tareas que tiene que hacer y después lléve-las a cabo una a la vez tachando cada una al terminarla. Dele prioridad a las cosas más importantes y hágalas primero. Pregúntese: "¿Cuál será la peor consecuencia posible si no hago esta tarea particular o si la elimino de mi lista?".

• **Sea más cooperativo.** ¿Le molestan otras personas, particularmente cuando no hacen las cosas como usted quiere? Procure cooperar en lugar de confrontar. Es mejor que pelear, y siempre está "bien". Ceder un poquito en ambas direcciones reducirá la tensión y hará que ambos se sientan mejor.

• **Aprenda a llorar.** El llanto puede ser una forma saludable de aliviar la ansiedad y, además, puede evitar el dolor de cabeza u otras consecuencias físicas. Respire profundo varias veces, esto también ayuda a aliviar la tensión.

• **Sueñe.** Imagine una escena tranquila. Uno no puede huir siempre; pero sí puede soñar. Una escena de tranquilidad en el campo, pintada mentalmente o en lienzo, puede sacarle de la confusión de una situación estresante. Cambie la escena leyendo un buen libro o escuchando música tranquila para crear un sentido de paz y tranquilidad.

• **Evite tomar alcohol y usar medicamentos sin receta médica.** Aunque puede usar medicamentos de venta libre para aliviar temporalmente la tensión, éstos no eliminan las causas principales del estrés. De hecho, estos medicamentos pueden formar hábito y así reducir el rendimiento de usted causando con el tiempo más estrés. Debe tomarlos sólo bajo el consejo de su médico.

Muchas personas tratan de relajarse al mismo ritmo acelerado con que dirigen el resto de su vida.

• **Aprenda a relajarse.** La mejor estrategia para evitar los efectos negativos del estrés es aprender a relajarse. Lamentablemente, muchas personas tratan de relajarse al mismo ritmo acelerado con que dirigen el resto de su vida. Por un momento, olvídese de sus preocupaciones acerca del tiempo, la productividad, y el "hacer lo que tiene que hacer".

Hallará satisfacción en sólo existir, sin esforzarse. Busque actividades placenteras y que sean buenas para usted, *mental, física y espiritualmente.* Olvídese de ser siempre el ganador. Concéntrese en relajarse, disfrutar y tener buena salud.

La meditación en la Palabra de Dios como técnica para manejar el estrés

La meditación en la Palabra de Dios tiene un impacto directo en el éxito para controlar el estrés. Filipenses 4:8 nos dice: "Finalmente, hermanos, piensen en todo lo que es verdadero, en todo lo que merece respeto, en todo lo que es justo y bueno; piensen en todo lo que se reconoce como una virtud, y en todo lo que es agradable y merece ser alabado". Nuestra mente es como una computadora. Mostrará lo que se le ha puesto. Si nos dedicamos a los aspectos buenos y positivos de la vida, eso es lo que reflejaremos. De otro modo, si nos dedicamos a lo negativo y desalentador, eso también reflejará nuestra vida.

Hebreos 4:12-16 declara:

Cada palabra que Dios pronuncia tiene poder y tiene vida. La Palabra de Dios es más cortante que una espada de dos filos y penetra hasta lo más profundo de nuestro ser. Allí examina nuestros pensamientos y deseos, y deja en claro si son buenos o malos. Nada de lo que Dios ha creado puede esconderse de él, pues Dios puede verlo todo con claridad, y ante él seremos responsables de todo lo que hemos hecho. Jesús es el Hijo de Dios, y es nuestro gran Jefe de sacerdotes que ha subido al cielo. Por eso debemos seguir confiando en él. El diablo le puso a Jesús las mismas trampas que nos pone a nosotros para hacernos pecar, sólo que Jesús nunca pecó. Por eso, él puede entender que nos resulta difícil obedecer a Dios. Así que, cuando tengamos alguna necesidad, acerquémonos con confianza al trono de Dios. Él nos ayudará, porque es bueno y nos ama.

Para poder meditar, aparte un tiempo y lugar en que las distracciones sean mínimas. Escoja una porción de la Biblia y léala consecutivamente; pero no la lea como una asignación. La Palabra de Dios le hablará. Medite en el mensaje de Dios para usted ese día y determine qué acción debe tomar. Ore pidiendo que Dios le ilumine, y confíe en que el Espíritu Santo le guiará.

Otras sugerencias que pueden ayudarle a manejar el estrés son las siguientes:

- Tomar un baño en la bañera, con agua tibia y burbujas de jabón.
- Ir de *camping*.
- Caminar descalzo.
- Vestir ropa cómoda.
- Dormir la siesta.
- Escribirle una nota a un amigo.
- Tomar té de hierbas.
- Reírse.
- Cantar.
- Silbar.
- Abrazar a alguien.
- Tener buen sentido de humor.
- Sentarse en el patio o en el parque.
- Tomar descansos mentales.
- Escuchar su música favorita.
- Tener expectativas razonables para sí mismo.
- Tener expectativas razonables para otros.
- Evitar la fatiga.
- Aceptar la idea de que está bien sentirse feliz.
- Aceptar la idea de que está bien sentirse triste.
- Hacer lugar para el éxito en su vida.
- Usar los fracasos como trampolines hacia la realización personal.
- Estar dispuesto a darse a sí mismo.
- Estar dispuesto a recibir de otros.
- Estar dispuesto a dirigir a otros.
- Estar dispuesto a seguir a otros.
- Delegar en otros cosas en que ellos pueden ayudarle.
- Ser flexible.
- Ser cortés consigo mismo.
- Iniciar un pasatiempo (*hobby*).

- Leer las antiguas cartas de amor que compartió con su esposo(a).
- Ir de compras.
- Leer como pasatiempo.
- Hacer algo especial para sí mismo.
- Planear un tiempo especial para "no hacer nada".

Usted nunca tropezará

Dios utilizó su poder para darnos todo lo que necesitamos, y para que vivamos como él quiere. Dios nos dio todo eso cuando nos hizo conocer a Jesucristo. Por medio de él nos eligió para que seamos parte de su reino maravilloso. Además, nos ha dado todas las cosas importantes y valiosas que nos prometió. Por medio de ellas, ustedes podrán ser como Dios y no como la gente pecadora de este mundo, porque los malos deseos de esa gente destruyen a los demás. Por eso, mi consejo es que pongan todo su empeño en:

Afirmar su confianza en Dios,
esforzarse por hacer el bien,
procurar conocer a Dios,
y dominar sus malos deseos.
Además, deben ser pacientes,
entregar su vida a Dios,
y estimar a sus hermanos en Cristo
y sobre todo,
amar a todos por igual.

Si ustedes conocen a Jesucristo, harán todo eso y tratarán de hacerlo cada vez mejor. Así, vivirán haciendo el bien. Pero quien no lo hace así es como si estuviera ciego, y olvida que Dios le ha perdonado todo lo malo que hizo. Hermanos, Dios los ha elegido para formar parte de su pueblo, y si quieren serlo para siempre, deben esforzarse más por hacer todo esto. De ese modo, nunca fracasarán en su vida cristiana (2 Pedro 1:3-10).

La elección es suya

J. B. Phillips escribió en *Plain Christianity* (Cristianismo puro): "¿Cómo le puede uno dar algo a Dios si él es dueño de todo? Pero, ¿es eso así? ¿Qué acerca del poder de escoger; ese precioso y libre albedrío que él ha dado a cada persona y que él respeta tanto? Ese es el único regalo que podemos dar: nosotros mismos, con todas nuestras fuerzas de espíritu, mente y cuerpo, voluntaria y libremente porque amamos a Dios. Esa es la mejor adoración que usted y yo podemos ofrecer, y yo estoy seguro que esto es lo que le agrada más a Dios"[2].

¡Experimente *el gozo de la victoria sobre el estrés*! ¡La elección es suya!

---

[2] J. B. Phillips, *Plain Christianity* (New York: MacMillan Co., 1954).

7 Miremos desde el pasado hacia el futuro

El libro de Jeremías en el Antiguo Testamento traza muchos elementos comunes a la experiencia humana tal como la entendemos hoy. Al examinarlos, encontramos paralelos reveladores entre el pueblo de Judá y los cristianos de la época moderna.

Elementos comunes a la experiencia humana

Uno de los elementos comunes es el llamado de Dios. "Yo te elegí antes de que nacieras; te aparté para que hablaras en mi nombre a todas las naciones del mundo" (Jeremías 1:5). Los cristianos tenemos en común un llamamiento divino para glorificar a Dios y edificar su reino. Dejando de lado la naturaleza particular de nuestro llamado como individuos, estamos unidos por el llamamiento divino y general a ser un pueblo santo. Jeremías fue comisionado como profeta "a las naciones". Los cristianos tienen la comisión de ir y hacer discípulos "en todos los países de la tierra" (Mateo 28:19a).

Otro elemento común es la respuesta inicial de Jeremías.

Le contesté:

—Dios todopoderoso, yo no sé hablar en público, y todavía soy muy joven.

Pero Dios me tocó los labios y me dijo:

—No digas que eres muy joven. A partir de este momento tú hablarás por mí. Irás a donde yo te mando, y dirás todo lo que yo te diga. No tengas miedo, que yo estaré a tu lado para cuidarte. Desde hoy tendrás poder sobre reinos y naciones, para destruir o derribar, pero también para levantar y reconstruir (Jeremías 1:6-10).

Hoy día los cristianos buscan "razones" para no servir a Dios. Algunos dicen que no están capacitados para la tarea. Otros expresan que no tienen experiencia, no tienen tiempo o no tienen dinero. ¿Qué le ha pedido Dios que haga usted? Si hoy se encontrara cara a cara con Dios, ¿qué cuenta le daría? Dios no va a preguntarle cuánto tenía en la cuenta bancaria, ni cuántos terrenos poseía, ni cuántos cargos profesionales y títulos tenía usted. A él no le va a interesar qué clase de auto manejaba, ni qué marca de ropa usaba, ni a cuántos clubes pertenecía. A él no le va a importar cuál religión profesaba usted ni a cuál iglesia asistía.

Lo que Dios sí le va a preguntar es cómo usó sus dones espirituales. El Espíritu Santo nos ha dado a cada uno un don especial para servir a otros (vea 1 Corintios 12:7). "Cada uno de ustedes ha recibido de Dios alguna capacidad especial. Úsenla bien en el servicio a los demás" (1 Pedro 4:10). Somos responsables delante de Dios. "Mucho tiempo después, el hombre que se había ido de viaje regresó y quiso arreglar cuentas con sus empleados" (Mateo 25:19). Los que invirtieron sus talentos sabiamente fueron recompensados. Al que no lo hizo así, lo echaron "afuera, a la oscuridad; allí tendrá tanto miedo que llorará y rechinará los dientes" (Mateo 25:30). Esto nos enseña que Dios no sólo nos escoge para un trabajo especial, sino que él también nos da los recursos necesarios para realizar la tarea que nos ha encargado. Él no nos asigna una misión y nos deja con las manos vacías para llevarla a cabo. "Te haré entender y te enseñaré el camino en que debes andar; Sobre ti fijaré mis ojos" (Salmo 32:8, RVR-1960). No debemos tener miedo de servir a Dios. Pero sí tenemos que saber la verdad.

Un tercer elemento común entre los tiempos bíblicos y en el día de hoy son las condiciones sociales prevalecientes. El pueblo escogido de Dios lo había abandonado. Le volvieron las espaldas. No era posible ver la diferencia entre ellos y el mundo pagano.

Ustedes, pueblo mío,
cometieron dos pecados:
me abandonaron a mí,
que soy para ustedes una fuente
de agua que les da vida,
y se hicieron sus propios estanques,
que no retienen el agua (Jeremías 2:13).

Pero este pueblo es muy rebelde;
me abandonó y se fue por mal camino (Jeremías 5:23).

Sus casas parecen jaulas;
¡pero no están llenas de pájaros
sino repletas de cosas robadas!
Así fue como se llenaron de plata
y llegaron a ser poderosos.
Su maldad no tiene límites.
Están demasiado gordos
y demasiado llenos de orgullo.
No les hacen justicia a los huérfanos,
ni reconocen los derechos de los pobres.
¿Y acaso piensan ustedes
que no los castigaré por todo esto?
¿Qué les hace pensar
que no me voy a vengar de ustedes?
Les juro que sí lo haré.
¡Miren lo que pasa en el país!

¡Esto es algo muy terrible!
Los profetas sólo dicen mentiras,
los sacerdotes enseñan lo que quieren,
y mi pueblo parece estar feliz.
Pero cuando llegue el desastre,
nadie acudirá en su ayuda (Jeremías 5:27-31).

El pueblo de Judá estaba revolcándose en envidia, robo, crimen, mentira, adulterio y fraude. Estaban ofreciendo sacrificios a otros dioses. Estaban adorando las obras de sus propias manos. Estaban ciegos por el orgullo. El orgullo era como una pared grande y gruesa que los separaba de Dios. Dios le dijo a Jeremías que iba a usar a Babilonia para castigar el orgullo de Judá y Jerusalén. "Así haré que se pudran el reino de Judá y su capital Jerusalén" (Jeremías 13:9).

En nuestra cultura estamos experimentando una decadencia social, moral y religiosa. La iglesia ha vuelto la espalda a Dios. Nuestros ídolos modernos son "Conveniencia personal", "Acciones rápidas", "Placer personal", "Posesiones materiales", "Poder", "Prestigio", "Dinero", "Computadoras", "Tecnología", "Super carreteras de información", "Globalización de las comunicaciones masivas".

La familia está siendo atacada. Padres que matan a los hijos. Hijos que matan a los padres. Niños que matan a otros niños. Mientras escribo estas páginas estamos experimentando una serie de tragedias de homicidio a través de todo Estados Unidos de América. Casos crecientes de familias involucradas en violencia doméstica. Abuso de niños. Alcoholismo. Drogas. Adolescentes embarazadas. Abortos. Suicidio entre adolescentes. Encabezamos la lista de naciones con el más alto número de prisioneros, y la población carcelaria continúa creciendo.

Estados Unidos de América ha vuelto la espalda a Dios. Las noticias estremecen a todo el mundo. Se habla del control de armas nucleares y terrorismo, nacional e internacionalmente.

Entretanto, aumenta el número de los niños que se acuestan sin comer. Hay pobreza, hambre, y desnutrición. ¿Pudiera ser que este país también tenga más orgullo que humildad delante de Dios?

Si yo tuviera un paciente muy enfermo en la Cama A y otro igualmente enfermo en la Cama B, ¿podría yo esperar que el paciente de la Cama A se levantara y fuera a atender al paciente de la cama B? Por supuesto que no. ¿Por qué? Porque ambos están muy enfermos. No podemos dar a otros lo que nosotros mismos no tenemos. ¿Nos preguntamos por qué los cristianos no están alcanzando a más inconversos? La iglesia debe sanar desde adentro primero. Debemos acabar con nuestros cementerios espirituales.

Otro elemento común es que cada decisión que tomamos tiene su consecuencia. Eso era cierto en aquellos tiempos bíblicos, y también es cierto ahora. Para la gente de Judá, la consecuencia de la desobediencia fue el castigo. "Así dice el todopoderoso Dios de Israel: 'Esta ciudad y sus pueblos vecinos se han empeñado en desobedecerme. Por eso les voy a mandar todas las desgracias que les he anunciado' " (Jeremías 19:15). Hubo desastres en Judá. Experimentaron hambre, enfermedad, guerras. "Yo, el todopoderoso Dios de Israel, te digo que pondré fin a los gritos de alegría y de entusiasmo, y a las canciones de los novios y de las novias. Eso lo verán con sus propios ojos" (Jeremías 16:9). "Porque la paga del pecado es muerte, mas la dádiva de Dios es vida eterna en Cristo Jesús Señor nuestro" (Romanos 6:23, RVR-1960).

El profeta Jeremías y yo compartimos algo en común. Ambos llegamos a cansarnos de la vida. Él se sintió deprimido y sencillamente no quería vivir. En su ansiedad, maldijo el día en que nació. "¡Maldito el día en que nací! Maldito el que le dijo a mi padre: 'Te felicito! ¡Tuviste un hijo varón' " (Jeremías 20:14, 15). ¿Ha tenido usted días como éste en que quería darse por vencido? En esos días se preguntaba si habría algún alivio para su dolor, tristeza, o preocupación. Sencillamente quería terminar con todo. Su espíritu estaba tan quebrantado que hasta pensaba que no valía la pena vivir.

Tenemos dos opciones: Podemos estar firmes en Cristo y luchar, o podemos huir permitiendo que la ansiedad nos consuma.

La humanidad conoce la desesperación. La angustia es universal. Encontramos adversidad de cualquier modo y en cualquier tiempo. Tenemos dos opciones: Podemos estar firmes en Cristo y luchar, o podemos huir permitiendo que la ansiedad nos consuma. La elección es nuestra.

En mi experiencia personal, la adversidad ha tenido grandes consecuencias. Cuando el camino me parecía incierto al atravesar valles de sombra en mi vida, he descubierto más tarde que la experiencia me permitió conocer a Dios más íntimamente. Por consiguiente, al continuar el camino he comprendido mejor el propósito de mi vida. Comprendo mejor la dirección que tengo que tomar y los cambios que debo hacer. El amor y la paz de Dios son cada día más reales para mí.

Charles R. Allen escribió en *Roads to Radiant Living* (Caminos hacia la vida radiante):

"Recordé cuando un huracán se dirigía hacia Florida. La Fuerza Aérea quería hacer algunos estudios sobre estos fenómenos naturales y enviaron un avión a encontrarse con el huracán. Ellos volaron derecho hacia el centro del huracán. Era la primera vez que una persona volaba en el ojo de un huracán. Cuando entraron descubrieron que allí no había lluvia ni viento, sino una perfecta calma. Experimentaron tal calma y paz que se quedaron volando en el centro del huracán por algún tiempo. Más tarde uno de los muchachos dijo que nunca más le tendría miedo a un huracán; siempre y cuando pudiera entrar al centro del mismo".

Allen entonces compara esta experiencia con el efecto calmante de expresar y ordenar los pensamientos de ansiedad. Particularmente, "lo que muchos de nosotros necesitamos más... es un lugar de descanso y paz, cerca del corazón de Dios"[1].

Jeremías volvió a sentir desesperación.
Hay días en que quisiera
no acordarme más de ti
ni anunciar tus mensajes;
pero tus palabras
arden dentro de mí;
¡son un fuego
que me quema hasta los huesos!
He tratado de no hablar,
¡pero no me puedo quedar callado! (Jeremías 20:9).

"...Nuestro Dios es bueno y muy amoroso; si lo buscan, no los rechazará" (2 Crónicas 30:9b). Dios desea que nosotros permanezcamos cerca de él. Es así como podemos glorificarle y edificar su Reino. Cuando los fariseos le dijeron a Jesús: "Maestro, reprende a tus discípulos" para que no gritaran porque ellos estaban "alabando a Dios por los milagros que Jesús había hecho y que ellos habían visto", Jesús les contestó: "Les aseguro que si ellos se callan, las piedras gritarían" (Lucas 19:39b, 37, 40).

Así como Jeremías regresó para cumplir con su llamado, nosotros también podemos regresar a nuestro campo misionero. Ore pidiendo a Dios "que nos llene de fuerzas y nos bendiga con su paz" (Salmo 29:11). Debemos comenzar con nosotros mismos. Después con nuestra familia. Después, con la iglesia. Y finalmente, con nuestra comunidad.

---

[1]Charles L. Allen, *Roads to Radiant Living* (Westwood, New Jersey: Fleming H. Revell Company), pp. 14, 15.

¿Quién podrá separarnos del amor de Jesucristo? Nada ni nadie. Ni los problemas, ni los sufrimientos, ni las dificultades. Tampoco podrán hacerlo el hambre ni el frío, ni los peligros, ni la muerte... En medio de todos nuestros problemas, estamos seguros de que Jesucristo, quien nos amó, nos dará la victoria total. Yo estoy seguro de que nada podrá separarnos del amor de Dios: ni la vida, ni la muerte, ni los ángeles, ni los espíritus, ni lo presente, ni lo futuro, ni los poderes del cielo, ni los del infierno, ni nada de lo creado por Dios. ¡Nada, absolutamente nada, podrá separarnos del amor que Dios nos ha mostrado por medio de nuestro Señor Jesucristo! (Romanos 8:35, 37-39).

Finalmente, otro elemento común es el continuo llamamiento de Dios al arrepentimiento y su promesa de restauración.

Dios me dijo: "Jeremías, ve al taller del alfarero. Allí voy a darte un mensaje".

Yo fui y me encontré al alfarero haciendo en el torno vasijas de barro. Cada vez que una vasija se le dañaba, volvía a hacer otra, hasta que la nueva vasija quedaba como él quería. Allí Dios me dio este mensaje para los israelitas:

"Ustedes están en mis manos. Yo puedo hacer con ustedes lo mismo que este alfarero hace con el barro" (Jeremías 18:1-6).

Dios le dijo a Jeremías que observara lo que estaba haciendo el alfarero. Este hombre no estaba satisfecho con la vasija que estaba fabricando, así que la hizo de nuevo varias veces hasta que la vasija quedó como él quería. Si el alfarero, siendo un hombre ordinario, tuvo la oportunidad de rehacer su vasija, ¿por qué Dios no puede tener la oportunidad de rehacer a sus criaturas hasta que le agraden a él? "Mis planes para ustedes solamente yo los sé, y no son para su mal sino para su bien. Voy a darles un futuro lleno de bienestar" (Jeremías 29:11). "Escuchad mi voz , y seré a vosotros por Dios, y vosotros me seréis por pueblo; y andad en todo camino que os mande, para que os vaya bien" (Jeremías 7:23, RVR-1960). Dios no se cansa de pedirnos que nos arrepintamos para que él pueda ser nuestro Dios, nuestro consolador y nuestra salvación. Él le llama a usted. Él me llama a mí. "Pero si mi pueblo se humilla, y ora y me busca, y si al mismo tiempo abandona su mala conducta, yo escucharé en el cielo su oración, perdonaré sus pecados y los haré prosperar de nuevo" (2 Crónicas 7:14).

¿Qué necesidad tiene usted hoy? ¿Finanzas? ¿Su matrimonio? ¿Hijos o nietos? ¿Trabajo? ¿Jubilación? ¿Salud, de usted o de un ser querido? ¿Sus hijos están saliendo del hogar por primera vez para ir a la universidad, al ejército, casarse, o mudarse fuera del hogar? ¿Siente soledad? ¿Está cansado de luchar solo? Hay esperanza en las manos del alfarero. Dele a Dios la oportunidad de sanar su herida, de cambiar su vida, para que usted pueda hallar paz y descanso. Su problema no es demasiado pequeño ni demasiado grande para Dios. Él le ama tal como usted es, donde usted esté. Ponga su mano en la mano de Dios y camine con él por el resto de su vida.

Si usted nunca ha tomado la decisión de recibir a Cristo como su Salvador personal, tome esa decisión ahora. Dios amó tanto a la gente de este mundo "que ha dado a su Hijo unigénito, para que todo aquel que en él cree, no se pierda, mas tenga vida eterna" (Juan 3:16, RVR-1960). "Que si confesares con tu boca al Señor Jesús, y creyeres en tu corazón que Dios le levantó de los muertos, serás salvo" (Romanos 10:9, RVR-1960). Reconozca que usted es pecador y que quiere que Cristo sea el Señor de su vida. Dele a él el control de cada aspecto de su existencia. Pídale que le perdone. "De cierto, de cierto os digo: El que oye mi palabra, y cree al que me envió, tiene vida eterna; y no vendrá a condenación, mas ha pasado de muerte a vida" (Juan 5:24, RVR-1960).

Repita las siguientes palabras como declaración de su deseo de recibir a Cristo como su Salvador personal.

Dios Padre: Creo que
Jesucristo es tu Hijo.
Creo que le levantaste
de los muertos.
Confieso que soy pecador.
Me arrepiento
y acepto a Jesús
como mi Salvador personal.
Quiero que él sea el Señor de mi vida.
Elevo esta oración en el nombre de Jesús.
Amén.

Si usted ha tomado la decisión de seguir a Jesús, busque una iglesia que tenga la Biblia como base, y únase al compañerismo de los creyentes. Ellos pueden ser una fuente de apoyo y de ánimo para usted.

Mi plan personal

Hemos examinado qué es el estrés, de dónde viene, cómo se presenta y cómo reaccionamos al mismo. Yo he recalcado *la reacción espiritual* al tratamiento del estrés porque creo que la orientación espiritual es más penetrante, completa y duradera. Nuestro paso final es desarrollar un *plan personal* que nos ayude a mantener el enfoque en nuestro esfuerzo para hacer los cambios que sean necesarios. Usando la guía del Apéndice 1, llene los espacios en blanco. Personalice su plan. Se ha diseñado para que le sea útil. Guárdelo en un lugar donde lo pueda ver a menudo, y continúe revisándolo cuando fuere necesario.

Apéndice 1

Mi plan personal

A fin de mejorar mi habilidad de tratar con el estrés en mi vida, HOY____________________

(Fecha)

yo, ______________________________

(Nombre)

tomaré las siguientes acciones:

MENTALMENTE:

EMOCIONALMENTE:

FÍSICAMENTE:

ESPIRITUALMENTE:

Porque Dios no le ha dado a

____

(Nombre)

"espíritu de cobardía, sino de ________________, de

__________ y de __________________________"

(2 Timoteo 1:7, RVR-1960).

2 Apéndice

El beneficio máximo

El principal beneficiario de controlar exitosamente el estrés es usted. Al ser una persona saludable, usted contribuye a formar una familia saludable. La salud de su familia fortalecerá a la iglesia a la cual usted pertenece. Y la iglesia a la cual usted pertenece edificará el reino de Dios en su comunidad.

¡Todo comienza con usted!

Apéndice 3

El constructor

Había un constructor muy eficiente.
Por muchos años trabajó en una compañía grande
y ahora llegaba el momento de jubilarse.
El dueño de su compañía le pidió que hiciera una casa más.
Ese sería su último encargo.

El constructor aceptó el trabajo, pero no puso su corazón en ello.
Usó materiales inferiores. De la madera usó la peor calidad.
No vio muchas cosas que hubiera notado
si hubiera puesto más interés
en el trabajo.

Cuando la casa estuvo lista,
el jefe lo llamó y le dijo:
"Esta casa es suya. Aquí tiene la llave.
¡Es mi regalo para usted!".

El constructor en seguida se lamentó
por no haber usado un material mejor,
por no haber contratado a los mejores obreros.
¡Si tan sólo hubiera sabido que aquella casa era para él!

Nosotros, los hijos de Dios, estamos construyendo nuestra casa espiritual.
Nuestro fiel Dios, nos provee los mejores materiales.
¿Qué hacemos nosotros?
Prestemos atención a los muchos dones de gracia de nuestro Señor.
Estemos seguros de poner nuestro corazón en todo lo que hacemos.
Pues nadie edifica una casa en el cielo para alguien más.
Esa casa será para nosotros mismos.

Autor desconocido

Guía de estudio

El estudio y la reflexión individual son fundamentales en la aplicación de este libro. Después de todo, a cada lector le toca determinar su propio nivel de estrés y la manera de tratarlo. Sin embargo, el estudio en grupo puede ser muy provechoso. Este pudiera llevarse a cabo en una serie de encuentros de grupos pequeños o en un retiro de fin de semana. Cualquiera de las alternativas beneficiaría a personas que desean un estilo de vida más equilibrado.

Retiro

El tema del estrés se presta para estudiarlo en un retiro en el cual podamos estar en contacto con la naturaleza y en un ambiente que invita a la reflexión. Quizás sería más fácil invitar a un conferencista profesional para que dirija el retiro.

Dos de los elementos más importantes para un retiro son los planes y la promoción. Escoja un tiempo y un lugar atractivos y convenientes. Invite al conferencista o conferencistas con anticipación, para que tengan tiempo de prepararse bien. Proporcione los libros a los participantes más o menos un mes antes del retiro y anímeles para que los lean antes de venir a este evento.

Encuentros en grupos pequeños

Comience con una sesión introductoria para conocerse unos a otros y fijar los objetivos del grupo. Comparta el horario con los participantes y recalque la preparación previa y la participación en cada sesión. Desafíelos para que se comprometan con lo siguiente:

Preparación semanal

- Leer y estudiar un capítulo por semana, y reflexionar acerca de su contenido.
- Orar para que Dios toque el corazón de cada participante en las sesiones de los grupos pequeños.
- Orar diariamente por cada líder de las sesiones de los grupos pequeños.
- Asistir diligentemente a cada sesión.

Participación

- Antes de hablar, piense si lo que va a decir o preguntar será de beneficio y edificación para el grupo.
- No diga nada que ponga a otros en una situación negativa.
- Permita que otros tengan la oportunidad de hablar tanto como usted.
- Escuche a los demás con respeto y atención.

Concluya esta primera sesión con un momento de compañerismo para que se conozcan mejor unos a otros.

En las semanas siguientes presente el estudio de un capítulo del libro por semana. Comience cada sesión con oración. Use la mayor parte del tiempo para que los participantes compartan sus reflexiones acerca del contenido. Recalque las referencias bíblicas y pregunte si hay otros pasajes o versículos bíblicos que hubieran recordado mientras leían el capítulo. Termine con una oración, pidiendo que Dios guíe a cada persona presente para que se acerque más a él cada día.

Una de las mejores cosas que un líder puede hacer es animar a los participantes a llevar a cabo ciertas actividades para sacar mayor provecho de este estudio. Sugiera que los participantes lean cada capítulo más de una vez y tomen tiempo para meditar en sus varios aspectos, y en cómo su contenido afecta su propia vida. Además, anímeles a escoger y aprender cada semana (por lo menos) un versículo que les ayude a controlar mejor el estrés.

Mientras enseña, apele a todos los sentidos, especialmente el de la vista. Puede hacer copias de los gráficos que se encuentran en este libro. Tal vez usted tenga, y quiera usar fotos, arte, música o dibujos apropiados. Puede usar lecciones objetivas para cada capítulo, o pedir que los participantes traigan algún objeto y digan cómo éste les recuerda su propia vida en relación con lo leído. Por ejemplo, para el capítulo 3 alguien puede traer el contenido de su botiquín, y contar cómo el estrés le ha causado un problema de salud.

Si usted recuerda ilustraciones personales que se aplican a cierta porción del estudio, úselas. Esto hará el estudio más atractivo e interesante. Este libro no contiene todo lo que hay que decir sobre el estrés. Es sólo un punto de partida para que el lector le diga adiós al estrés y descubra el plan de Dios para darle paz y felicidad.

Muestre misericordia hacia los participantes. La mayoría de los presentes pronto reconocerán sus fracasos, especialmente en el campo espiritual. Ayúdeles a que no malgasten tiempo y energías enfocándose en el pasado, sino que miren adelante, al futuro y a lo que, con la ayuda de Dios, pueden hacer con sus propias vidas desde ahora mismo.